Johann Gottfried Seume

Aus meiner Welt

Ein Spaziergang

Herausgegeben von
Heide Hollmer

W0084901

Deutscher Taschenbuch Verlag

Von Johann Gottfried Seume
ist im Deutschen Taschenbuch Verlag erschienen:
Spaziergang nach Syrakus (12378)

Originalausgabe
2010
Deutscher Taschenbuch Verlag GmbH & Co. KG,
München
© 2010 Deutscher Taschenbuch Verlag, München
Umschlagkonzept: Balk & Brumshagen
Umschlagbilder: Bildarchiv Preußischer Kulturbesitz und akg-images
Gesetzt aus der Bembo 10/12,25˙
Druckerei C. H. Beck, Nördlingen
Gedruckt auf säurefreiem, chlorfrei gebleichtem Papier
Printed in Germany · ISBN 978-3-423-13888-8

Inhalt

I.

Wie ich wurde, was ich bin:
Ein sächsischer Bauernsohn
sucht seinen Weg

Ich konnte lange zu keiner Wahl meiner Lebensart kommen, so unbestimmt waren noch meine Ideen vom Leben überhaupt. So lange mein Vater lebte, wurde ich halb und halb zum Kaufmann bestimmt, da er einige Bekanntschaft dieser Art in Leipzig hatte; und ich hatte damals gerade nichts dagegen. Allein das zerschlug sich mit seinem Tode, und ein Handwerk sollte wahrscheinlich der Gipfel meiner Bestrebungen werden. Aus einer angeborenen Neigung zum Soliden entschloss ich mich endlich ein Grobschmied zu werden. Meine Mutter erschrak, und M. Schmidt lachte, als ich mit dem Resultat meiner Überlegung herausrückte, und Beide hatten viele Mühe mir die Sache auszureden. »Junge, Du bist ja nur ein Zwerg und sinkst mit Hammer und Zange vor dem Amboss zusammen wie ein Taschenmesser,« sagte der gutmütige Pfarrer; »dazu gehört ein Zyklope und kein Liliputer, wie Du bist.« Ich verstand das Letzte nur halb, gab aber doch dem Einreden meiner Mutter nach und den vulkanischen Vorsatz auf; doch gehe ich noch jetzt selten vor einer Schmiede vorbei, wo nicht der alte Hang zur Solidität zurückkehrte. Nun bestimmte ich mich zum Dorfschulmeister, wollte etwas Latein und Musik erlernen und dachte mit dem Übrigen nach einiger Vorbereitung schon nicht übel durchzukommen; denn ich galt für einen gewaltigen Katecheten. Noch bei Lebzeiten meines Vaters hatte ich einmal gelegentlich von ungefähr gesagt, es müsste nicht gut sein, wenn ich nicht über einen Satz hundert Fragen bilden wollte, ohne eben am Ende zu sein. »Das traue ich ihm zu,« sagte der Schulmeister, dem es gesagt wurde; »und die Fragen würden toll genug sein.« Der letzte Zusatz war mir eben nicht sehr willkommen und machte mich aufmerksam. Seit der Zeit habe ich mich geflissentlich vor vielen voreiligen Fragen gehütet, habe die Sache wahrscheinlich zu weit getrieben und dadurch Manches nicht erfahren, was ich hätte erfahren können und sollen. Ein Narr fragt mehr, fiel mir immer ein, als ein Weiser beantworten kann. In der Bestimmung zum Dorfschulmeister mochte wohl ganz leise der Blick auf Herrn Weyhrauch, sein herrliches Bienenhaus, seine vortrefflichen Spargelbeete und seine schönen Rosen und Nelken auch mitwirken; denn es schwebte mir vielleicht dunkel vor, dass bei gehöriger Einleitung und Ausdauer das Alles mein werden könnte. Jede sitzende Lebensart war mir verhasst, und obgleich ein Schulmeister auch sitzen muss, so begriff ich doch schon damals, dass sich viel Wesentliches in seinem Amte sehr vorteilhaft peripatetisch abmachen ließe. »Junge, was Du für Einfälle hast!« sagte M. Schmidt bei dieser neuen Entdeckung: »werde doch lieber Leinweber: ein Dorfschulmeister ist ein jämmerliches Tier. Denkst Du denn, sie haben es alle wie unser Weyhrauch?« Und nun fing er an, mir ein gar schreckliches Gemälde der armen Dorfschulmeisterlein in Thüringen und Meißen zu zeichnen. Ich ließ mich aber nicht abhalten und meinte, jeder Stand habe seine Plage und seinen Frieden.[1]

Wer zuerst etwas Ätherisches in mir entdeckte, war der Pfarrer, Magister Schmidt, ein rechtlicher, jovialer, ziemlich gebildeter und ziemlich orthodoxer Mann, in dessen Charakter aber der Grundzug freundliches Wohlwollen und Güte des Herzens war. Er schloss aus meinen oft sonderbaren Antworten in den öffentlichen Kirchenprüfungen auf meinen eigenen, zuweilen sehr barocken Ideengang, unterhielt sich viel mit mir und berichtigte meine Gedanken. Er besaß darin so viel Geschicklichkeit, als ob er in dem sokratischen geistigen Hebammeninstitut zur Lehre gegangen wäre. Nun sprach er mit dem Schulmeister, Herrn Weyhrauch, über die Methode des Unterrichts bei einem solchen Kopfe; die Einwendungen des Schulmeisters wurden behoben; der Pfarrer zeigte ihm, dass ich kein Mechaniker und kein Schönschreiber werden und mich schwerlich mit Nachbeten begnügen würde. Man beschränkte sich nun auf die Negative und überließ die Positive mir selbst. Von nun an nahm man wenig Notiz mehr von meinen krummen und schiefen Linien auf dem Papier und meinen Stelzfüßen und Buchstaben, sondern nur von meinen Ideen, womit ich den Schulmeister und auch wohl zuweilen den Pfarrer in einige Verlegenheit setzte. In kurzer Zeit übersprang ich alle Matadorjungen des Dorfs in der Schule und war bald der Erste und Statthalter des Herrn Weyhrauch bei dessen Abwesenheit als Bienenvater und Spargelgärtner. Die Umstände und die Gesundheit meines Vaters waren unterdessen sehr gesunken, so dass man meine bessere Anstelligkeit nicht den Gratialen und der Gunst von Hause aus zuschreiben konnte. Ich mochte ungefähr zehn Jahre alt sein, als ich schon an der Spitze der Dorfschuljugend stand, unter denen doch wohl einige ihr vierzehntes geschlossen hatten. Mein Regiment galt für sehr strenge, aber nie für ungerecht; und ich war damals der Dorfklerisei erster Minister bei der Einführung der neuen Schulordnung, die zu derselben Zeit etwas strenge gehandhabt wurde. Ich erinnere mich aus dieser Periode bei eben dieser Gelegenheit eines Vorfalls, wo ich ein Märtyrer meiner Überzeugung ward. Es war befohlen, die Kinder sollten ordentlich nach Rang und Alter in der Schule paarweise nach Hause gehen, um das wilde Herumschwärmen zu verhüten. Ich gehörte zu dem Nebendorfe Knautkleeberg und hatte die Aufsicht über meine Kolonne. Die meiste Not machte mir ein fast funfzehnjähriges großgewachsenes Mädchen, das sich in der Schule durch Langsamkeit im Lernen und außer derselben durch vorschnelle, laute Unbändigkeit auszeichnete. Beständig war sie bald rechts, bald links aus der Reihe, bald im Grase, bald im Schotenfelde, und schien des kleinen, ohnmächtigen Wichtes von Führer nur zu spotten. Es dem Herrn Weyhrauch zu klagen, schien mir unter meiner Würde, zumal da er ihrer Eltern wegen viele Nachsicht gegen sie zu zeigen schien; denn sie war die Tochter des Müllers. Als ich ihr eines Tages einige Mal ohne Erfolg Ordnung geboten hatte, ergriff mich mächtig schnell der Amtseifer, dass ich hinsprang, um sie aus einem Haferfelde in Reihe und Glied zu bringen. Sie lachte und verließ sich auf ihre Gewalt; aber der Himmel weiß, wo in dem Augenblick meine Stärke herkam: ich fasse das Weibsstück beim Kragen, um sie in die Ordnung zu ziehen, schleudere sie aber aus dem Haferfelde unglücklicher Weise den Berg hinab in die Sandgrube, wo sie denn gar unsanfte Purzelbäume schoss und sich wenigstens Hände und Gesicht empfindlich an den Steinen zerstieß, so dass reichliches Blut quoll. Nun ging Alles schüchtern nach Hause. Den Nachmittag war die liebe Mama schon klagbar eingekommen; Herr Weyhrauch mit dem Haselzepter zitierte den jungen Herrn Primus vor zum Verhör und Standrecht. Ich erzählte die Sache und bestand auf meinem Recht; nur bedauerte ich den Sturz in die Sandgrube, der nicht in meiner Absicht gelegen hatte. Der Schulmeister wollte seinem Vikar doch so viel ausübende Justizgewalt nicht zugestanden wissen und meinte, Weisung und Meldung sei mein

Amt. Ich behauptete im Gegenteil, dass ich damit nicht auskommen könnte. Herr Weyhrauch glühte auf, und ich war eben nicht sehr nachgiebig; er brachte mir im Amtseifer gehörigen Orts einen tüchtigen Schilling bei. Diese Schillingsmethode war bei ihm folgende: der pädagogische Vollstrecker fasste Delinquenten mit der linken Hand beim Haarschopf und brachte den Kopf zwischen die Schenkel des Orbilius, wo er ihn an Nacken und Ohren festklemmte und mit eben dieser linken Hand schnell den Hosengurt des kleinen Sünders ergriff, woraus eine Art von Schweben entstand; sodann bearbeitete er mit der rechten, in welcher der Haselstock war, das Örtchen, auf welchem man sonst ruhig sitzen soll, *quantum satis*, und wohl auch ein wenig mehr. Dieser Prozess wurde auch an mir vollzogen, und ich hatte meine Abfertigung. Beim Abmarsch nach meinem Sitze verwahrte ich mich noch mit dem Protest, ich habe doch recht getan. »Hast Du?« rief Herr Weyhrauch, und fing mit neuem Eifer die Exekution von vorn an. Nun schritt ich rasch an meine Tafel, hielt die Hand, wo die Kallipyge die Augen hindreht, und stieß trotzig durch die Zähne: »ich habe doch recht getan.« Die Nachbarn lachten, und der Schulmonarch fragte despotisch, was da wäre. »Er habe doch recht getan, meint er,« sagten sie; und die Zitation geschah peremtorisch von Frischem. Ohne weitere Erörterung fing die Bearbeitung noch exemplarischer zum dritten Male an, und nun erst überlegten beide Parteien, Exekutor und Inkulpat, ernsthaft still, ob sie recht getan hätten. Man kann wohl denken, dass die drei Schillinge mir eine ewig frische, denkwürdige Münze sind, da sie zumal in einer Lebensperiode ausgezahlt wurden, wo jede Art Gefühl sehr lebhaft in dem treuen Gedächtnisse bleibt. Mein Vater, der den Vorfall hörte, sagte weiter nichts als sein bedenkliches Hm, und ich habe nie seine

Meinung über den streitigen Punkt erfahren. Dass man, wenn man Recht habe, dennoch demütig vor dem Ansehen schweigen müsse, gehörte, wie ich wusste, nicht unter seine Glaubensartikel; aber noch weniger gehörte es darunter, das nötige Ansehen des Lehrers wegen einiger Schwielen zu kompromittieren. Herr Weyhrauch mochte das Harte seiner Züchtigung meiner kleinen Hartnäckigkeit fühlen; denn er suchte es durch allerhand freundliche Aufträge, wofür mir gewöhnlich eine Belohnung von herrlichem Brot mit dem besten Honig ward, wieder in das alte Gleis zu setzen.[2]

Einige Zeit darauf wurde Anstalt gemacht, mich zum Rektor Korbinsky nach Borna zu bringen. Hier kam ich denn wie ein halber Hurone, moralisch gut gebildet, wenigstens ganz unverdorben, aber wissenschaftlich ganz roh und wild an. Der alte Herr nahm mich freundlich väterlich auf, und ist von allen meinen Lehrern derjenige, dem ich am Meisten verdanke. Er hatte mehrere Pensionärs, unter denen ich der älteste und unwissendste war, ausgenommen meine Bibelweisheit, in welcher mir es auch dort Niemand zuvor tat. Das Haus war partriarchalisch gut, und seine Frau war mehr als meine zweite Mutter. Er gab mir kurze, gemessene, deutliche, sehr gründliche Anleitung; das Bedürfnis drängte, der Ehrgeiz spornte, und binnen einem Jahre stand ich so ziemlich mit den Übrigen auf gleichem Fuße, die schon vier und fünf Jahre hier gewesen waren, und am Ende des zweiten war ich fast entschieden der Erste an Kenntnissen. Der Erste an der Tafel konnte ich mit Salomo's Weisheit nicht werden; denn da waren zuerst Rücksichten, die ich schwer begriff und noch schwerer billigte. Das schien mir die einzige schwache Seite des guten Mannes: doch war sie bei ihm sehr unschädlich; denn es ging deutlich aus der Behandlung hervor, dass er etwas anders rangierte, als man in der Klasse saß; und ich war nun schon so weit, dass immer die schweren Stellen an mich kamen. Der Rektor überließ mich mir selbst, und da war ich denn zuweilen entsetzlich fleißig und zuweilen entsetzlich faul. Das Zweite übersah er zuweilen des Ersten wegen: und ein Hm hm mit Kopfschütteln oder ein »Du kommst jetzt nicht vorwärts, mein Sohn!« waren hinlänglich, mich in den Gang zu bringen. Wie ich im Lateinischen und Griechischen deklinieren und konjugieren gelernt habe, weiß ich selbst kaum. | … |

Die Frau Rektorin gab sich alle ersinnliche Mühe, mich fein und artig zu machen, so wie der Herr sich bestrebte, mich zur Tugend und Weisheit zu bilden. In wie fern es dem Rektor gelang, kommt mir nicht zu zu bestimmen; aber ihr gelang es sehr schlecht. Mein Anzug war immer sehr nachlässig, meine Haare grotesk, struppig und meine Schuhe schmutzig. Vor Allem hatte sie ihren Krieg mit meiner Stirne, die nach ihrer Meinung unerträglich runzelte. Ehe ich mir's versah, versuchte sie eine Glättung mit der Hand oder auch wohl mit der Bürste und drohte sogar mit der Striegel, aber Alles umsonst. Sobald ich in Gedanken geriet und etwas Eigenes oder Fremdes ruminierte, traten die Runzeln wie Furchen auf die Stirne, und die Augenbrauen zogen sich finster zusammen. Das ist geblieben, und man hat mich oft für melancholisch missmutig gehalten, wenn ich meine seligsten Gedanken hatte. Der Rektor nahm davon keine Notiz, da er selbst etwas von der nämlichen Unart besaß und es wahrscheinlich für ein Adiaphoron hielt. Er gab mir selbst das Zeugnis, dass ich bei ihm in zwei Jahren so viel getan habe als Andere in sechs Jahren, und drang bei meinen Gönnern auf meine Entfernung, weil ich nunmehr meine Zeit besser anwenden könne und müsse. | ... | Das Haus dieses Mannes nebst meines Vaters Hause sind der Grund alles Guten, was ich vielleicht in meinem Charakter habe.[3]

Meine erste Poeterei war in Borna, wo wir zuweilen aus Gellert und Hagedorn so *vel quasi* deklamieren mussten. Das hatte mich beschäftigt, da ich sonst eben nichts zu tun hatte: ich setzte mich also hin und machte eine satirische Fabel: *der Hasenschwanz*. Man pflegte sich nämlich zum Abwischen der schwarzen Tafeln der Hasenpfoten oder auch wohl der kurzen Hasenschwänze zu bedienen. Nun war einer der Alumnen, der sich eben nicht durch Talente und Fleiß auszeichnete, beständig damit beschäftiget, allerhand possierliche Spielwerke mit dem Hasenpörzel zu machen. Dabei blieb der Junge ein Geck, ein Dummkopf und ein Hasenschwanz. Das war die sehr sinnreiche Erfindung, und sie erhielt ungeheuern Beifall, weil denn doch wohl seit der Schwedenzeit in der Klasse von einem Zögling nichts Ähnliches war an's Licht gestellt worden. Es liefen Kopien herum; ich hoffe zu Gott, es ist keine mehr vorhanden. Die Erfindung sieht man; der Vortrag wird wohl toll genug gewesen sein, und über der Sprache, die bei mir überhaupt nicht sehr glatt ist, hätte man füglich die Schienbeine brechen können, so viel ich mich noch an einige Ausdrücke erinnere. | ... | Seit der Zeit habe ich nur einige Male im philologischen Übermut einige gedrechselt; aber zum Glück ist keiner übrig geblieben, ob ich gleich mit einigen damals nicht übel zufrieden war und sie mit großem Wohlgefallen wohl zehnmal durchskandierte.[4]

Du weißt, ich bin kein sonderlicher Freund von Romanen; aber ich habe bei Gelegenheit des Brocken doch einmal in Gedanken einen Roman gemacht, von dem ich Dir hier das

Wesentlichste sagen will. Wenn es kein Roman gewesen wäre, ich glaube fast, ich hätte ihn nach meiner Weise aufgeschrieben und drucken lassen. Aber wer wird Wahrheiten für Männer erst in Flitterstaat putzen? Der Roman hieß in meinen Gedanken: »Tagebuch des Mannes im Monde.« Die Veranlassung dazu war: Ich stand eines Abends auf der Stirn des Vater Brukterus und sah hinab nach dem Ilsenstein, um das Brockengespenst zu belauschen. Am Firmamente glänzte der Vollmond. Da sah ich denn ein Meteor in blendendem Lichte herabschießen und unter mir auf eine Steingruppe fallen. Noch eine Minute leuchtete es und verlosch dann. Ich arbeitete mich mit Mühe und Gefahr hinunter an die Felsenkluft und suchte und fand. Es war ein Buch in Rollen, ungefähr wie eine Handschrift aus dem Herkulanum, nur nicht ganz so übel zugerichtet. Ich wickelte auf und las und las: da war es denn das Tagebuch des Mannes oben. Dass dergleichen Dinge aus dem Monde herab kommen, ist seit Plutarch unter den Physikern und Historikern eine bekannte Sache, die sich auch neuerdings in Frankreich, dem Lande der neu auferstandenen Wunder, wieder bewährt hat. Nun weißt Du aus dem Ariost, dass unser Verstand im Monde wohnt; daher ein Mensch, der nach Verstand schnappt, auch mondsüchtig genannt wird. Wie viel entflogener Verstand muss nun nicht im Monde sein, wovon hier auf Erden das Gegenteil ist? Nun registriert der Mann im Monde alle bunten und krausen Nachrichten von Erdenpilgern in seine Blätter, und macht darüber nach seiner Weise und Weisheit seine Anmerkungen über die Vorkehrungen im Hauptplaneten. Du siehst leicht, dass der Inhalt eines solchen Tagebuchs für manche Wissenschaften unserer Erde eine einträgliche Ausbeute geben muss. Das ist der einzige Roman, den ich in meinem Leben, aber auch nur in Gedanken, geschrieben habe.[5]

2.

Ich ergab mich in mein Schicksal:
Die Reise nach Amerika

Es fing nun an furchtbar in mir zu gären. Ich begriff, dass ich als ehrlicher Mann nicht auf dem Wege (des Studiums der Theologie) fortwandeln konnte. Mit jeder neuen Forschung entstand ein neuer Zweifel, und die Mystik fing an mir verhasst zu werden, da ich sie so oft Hand in Hand mit weltlicher Klugheit gehen sah. Ich verehrte die Bibel und versagte dem moralischen Teil derselben den Eingang in meine Seele nicht. Ich verehrte Moses, Christum, aber nach meiner Weise und nicht nach dem System. Heuchelei war mir unerträglich; ich sagte immer nur, was ich dachte, ob ich gleich nicht Alles sagte, was ich dachte. Das heilige Palladium der Menschennatur sind die Gedanken unter der Ägide der Vernunft, und es wird hoffentlich niemals Jemand gelingen, es zu zerreißen.

Meine Lage war sehr prekär und hing von der zufälligen Überzeugung Anderer ab. | ... | Nach vielen Kämpfen, die mir allerdings wohl das Ansehen eines Melancholischen geben mochten, ging ich auf und davon, ohne einen fest bestimmten Vorsatz, wohin und wozu. Ich nahm mein Monatsgeld, verkaufte einige Bücher, die etwas Wert hatten, und nach Abzahlung meiner kleinen Schulden, die ich notwendig haben musste, blieben mir ungefähr neun Taler. Mit diesen dachte ich schon nach Paris zu kommen und mich umzusehen, was da für mich zu tun sei. Von dort aus – wer sieht nicht gern zuvor Paris? – dachte ich nach Metz in die Artillerieschule, da ich eben damals angefangen hatte, etwas ernsthaft Französisch und Mathematik zu treiben. Das Übrige überließ ich billig dem Schicksal.

Das Traurigste war der qualvolle Gedanke an meine Mutter; und ich muss bekennen, dass ich mir alle, obwohl vergebliche, Mühe gab, ihn zu unterdrücken, da ich die Unmöglichkeit sah, meine Sinnesart zu ändern und die Unmöglichkeit, bei dieser Sinnesart als ehrlicher Mann hier zu bleiben. Sie war zwar keine Zelotin und würde mich nicht sogleich verdammt haben; doch würde ihr ruhiges Wesen es widersprechend gefunden haben, dass Ein Kopf sich nicht bei dem beruhigen könne, wobei sich so viele Hunderttausende ehrsam beruhigen. Auf alle Fälle würde ihr meine Lage, wenn ich geblieben wäre, fast ebenso schmerzlich gewesen sein als meine Entfernung. Ich ging also nach Berichtigung meiner Schulden fort, ohne irgend Jemand eine Silbe gesagt zu haben. Den Degen an der Seite, einige Hemden auf dem Leibe und im Reisesacke und einige Klassiker in der Tasche, marschierte ich zwar ganz rüstig und leicht, aber nichts weniger als ruhig durch die Dörfer nach Dürrenberg, setzte dort über die Saale, ging über das Schlachtfeld bei Roßbach und blieb die erste Nacht in einem kleinen Dorfe bei Freiburg, das, glaube ich, Zeugefeld hieß. Hier schrieb ich in meiner Verlassenheit und mit schwerem Gefühl Abends eine gar rührende Elegie über meinen Zustand. Sie gehört zu den Heiligtümern meiner Seele; Niemand hat sie gesehen, und sie hat sich bald aus meinem Taschenbuche verloren, so wie meine Stimmung sich erheiterte und einen etwas stoischen Takt erhielt. Den zweiten Abend blieb ich in einem Dorfe vor Erfurt, wo man mich mit vieler Teilnahme sehr gut, sehr wohlfeil bewirtete und mich schonend merken ließ, ich hätte wohl Jemand mit dem Instrumente da, man wies auf den Degen, etwas übel behandelt und müsse das Weite suchen. Ich widersprach zwar; aber man schien doch so etwas zu glauben. In Erörterungen mochte ich mich nicht einlassen, und ihre Meinung tat mir weiter keinen Schaden. Den dritten Abend übernachtete ich in Vach, und hier übernahm trotz allem Protest der Landgraf von Kassel, der damalige große Menschenmäkler, durch seine Werber die Besorgung meiner ferneren Nachtquartiere nach Ziegenhain, Kassel, und weiter nach der neuen Welt. | ... |

Man brachte mich als Halbarrestanten nach der Festung Ziegenhain, wo der Jammergefährten aus allen Gegenden schon viele lagen, um mit dem nächsten Frühjahr nach Fawcet's Besichtigung nach Amerika zu gehen. Ich ergab mich in mein Schicksal, und suchte das Beste daraus zu machen, so schlecht es auch war. Wir lagen lange in Ziegenhain, ehe die gehörige Anzahl der Rekruten vom Pfluge und dem Heerwege und aus den Werbestädten zusammen gebracht wurde. Die Geschichte und Periode ist bekannt genug: Niemand war damals vor den Handlangern des Seelenverkäufers sicher; Überredung, List, Betrug, Gewalt, Alles galt. Man fragte nicht nach den Mitteln zu dem verdammlichen Zwecke. Fremde aller Art wurden angehalten, eingesteckt, fortgeschickt. Mir zerriss man meine akademische Inskription, als das einzige Instrument meiner Legitimierung. Am Ende ärgerte ich mich weiter nicht; leben muss man überall: wo so Viele durchkommen, wirst Du auch: über den Ozean zu schwimmen war für einen jungen Kerl einladend genug; und zu sehen gab es jenseits auch etwas. So dachte ich. Während unseres Aufenthalts in Ziegenhain brauchte mich der alte General Gore zum Schreiben und behandelte mich mit vieler Freundlichkeit. Hier war denn ein wahres Quodlibet von Menschenseelen zusammengeschichtet, gute und schlechte, und andere, die abwechselnd Beides waren. Meine Kameraden waren noch ein verlaufener Musensohn aus Jena, ein banquerotter Kaufmann aus Wien, ein Posamentierer aus Hannover, ein abgesetzter Postschreiber aus Gotha, ein Mönch aus Würzburg, ein Oberamtmann aus Meiningen, ein preußischer Husaren-Wachtmeister, ein kassierter hessischer Major von der Festung und Andere von ähnlichem Stempel. Man kann denken, dass es an Unterhaltung nicht fehlen konnte, und nur eine Skizze von dem Leben der Herren müsste eine unterhaltende lehrreiche Lektüre sein. Da es den Meisten gegangen war wie mir, oder noch schlimmer, entspann sich bald ein großes Komplott zu unserer Aller Befreiung. Man hatte so viel gutes Zutrauen zu meinen Einsichten und meinem Mut, dass man mir Leitung und Kommando mit uneingeschränkter Vollmacht übertrug; und ich ging bei mir zu Rate und war nicht übel Willens, den Ehrenposten anzunehmen und die funfzehnhundert Mann auf die Freiheit zu führen und sie dann in Ehren zu entlassen, einen Jeden seinen Weg. Außer dem glänzenden Antrage kitzelte mich vorzüglich, dem Ehrenmanne von Landgrafen für seine Seelenschacherei einen Streich zu spielen, an den er denken würde, weil er verteufelt viel kostete. Als ich so ziemlich entschlossen war, kam ein alter preußischer Feldwebel zu mir sehr vertraulich. »Junger Mensch,« sagte er, »Sie eilen in Ihr Verderben unvermeidlich, wenn Sie den Antrag annehmen. Selten geht eine solche Unternehmung glücklich durch; der Zufälle sie scheitern zu machen sind zu viele. Glauben Sie mir altem Manne; ich bin leider bei dergleichen Gelegenheiten schon mehr gewesen. Sie scheinen gut und rechtschaffen, und ich liebe Sie, wie ein Vater. Lassen Sie meinen Rat etwas gelten! Wenn die Sache glücklich durchgeht, werden wir nicht die Letzten sein, davon Vorteil zu ziehen.« Ich überlegte, was mir der alte Kriegsmann gesagt hatte, und unterdrückte den kleinen Ehrgeiz, entschuldigte mich mit meiner Jugend und Unerfahrenheit und ließ die Sache vorwärts gehen. Der Kanonier-Feldwebel hatte Recht; es wurde Alles verraten; ein Schneider aus Göttingen, der ein Stimmchen sang wie eine Nachtigall, erkaufte sich durch die Schurkerei eine Unteroffizierstelle bei der Garde, und da man ihn dort gehörig würdigte und er des Lebens nicht mehr sicher war, die Freiheit und eine Hand voll Dukaten. Ich erinnere mich der Sache noch recht lebhaft. Alle Anstalten zum Ausbruch waren getroffen. Wir lagen in verschiedenen Quartieren, in den Kasernen, dem Schlosse und einem alten Rittersaale. Man wollte um Mitternacht auf ein Zeichen ausziehen, der Wache stürmend die Gewehre wegnehmen, was sich widersetzte, niederstechen, das Zeughaus erbrechen, die Kanonen vernageln, das Gouvernementshaus verriegeln und zum Tore hinaus marschieren. In drei Stunden wären wir in Freiheit gewesen; Leute, die den Weg wussten, waren genug dabei. Als wir aber den Tag vorher abteilungsweise auf den Exerzierplatz kamen, fanden wir statt der gewöhnlichen zwanzig Mann deren über hundert, Kanonen auf den Flügeln mit Kanonieren, die brennende Lunten hatten, und Kartätschen in der Ferne liegend. Jeder merkte, was die Glocke geschlagen hatte. Der General kam und hielt eine wahre Galgenpredigt. »Am Tore sind mehr Kanonen,« rief er, »wollt Ihr nicht gehen?« Die Adjutanten kamen und verlasen zum Arrest: Hans, Peter, Michel, Görge, Kunz. Meine Personalität war eine der ersten; denn dass der verlaufene Student nicht dabei sein sollte, kam den Herren gar nicht wahrscheinlich vor. Da aber Niemand etwas auf mich bringen konnte, wurde ich, und vermutlich noch mehr der Menge wegen, bald los gelassen. Der Prozess ging an; zwei wurden zum Galgen verurteilt, worunter ich unfehlbar gewesen sein würde, hätte mich nicht der alte preußische Feldwebel gerettet. Die Übrigen mussten in großer Anzahl Gassen laufen, von sechs und dreißig Malen herab bis zu zwölfen. Es war eine grelle Fleischerei. Die Galgenkandidaten erhielten zwar nach der Todesangst unter dem Instrument Gnade, mussten aber sechs und dreißig Mal Gassen laufen und kamen auf Gnade des Fürsten nach Kassel in die Eisen. Auf unbestimmte Zeit und auf Gnade in die Eisen, waren damals gleichbedeutende Ausdrücke und hießen so viel, als *ewig ohne Erlösung*. Wenigstens war die Gnade des Fürsten ein Fall, von dem Niemand etwas wissen wollte. Mehr als dreißig wurden auf diese Weise grausam gezüchtiget, und Viele, unter denen auch ich war, kamen bloß deswegen durch, weil der Mitwisser eine zu große Menge hätten bestraft werden müssen. Einige kamen bei dem Abmarsche wieder los, aus Gründen, die sich leicht erraten lassen; denn ein Kerl, der in Kassel in den Eisen geht, wird von den Engländern nicht bezahlt.

Endlich ging es von Ziegenhain nach Kassel, wo uns der alte Betelkauer in höchst eigenen Augenschein nahm, keine Silbe sagte und uns über die Schiffbrücke der Fulda, die steinerne war damals noch nicht gebaut, nach Hannövrisch-Münden spedierte. Unser Zug glich so ziemlich Gefangenen; denn wir waren unbewaffnet, und die bewehrten Stiefletten-Dragoner und Gardisten und Jäger hielten mit fertiger Ladung Reihe und Glied fein hübsch in Ordnung. Ich genoss, trotz der allgemeinen Missstimmung, doch die schöne Gegend zwischen den Bergen am Zusammenfluss der Werra und der Fulda, die dort die Weser bilden, mit zunehmender Heiterkeit. Das Reisen macht froher, und unsere Gesellschaft war so bunt, dass das lebendige Quodlibet alle Augenblicke neue Unterhaltung gab. So ging es denn auf so genannten Bremer Böcken den

Strom hinab. Nicht weit von Hameln, glaube ich, machte man eine Absonderung der Preußen, die man nicht durch Preußisch-Minden bringen durfte, und ließ sie einen Marsch zu Lande machen, um das Preußische zu vermeiden. Da mir das zusammengedrückte, eingepökelte Wesen auf den kleinen langen Fahrzeugen nicht sonderlich behagen wollte, meldete ich mich als Preußen beim Verlesen. Der Offizier sah in die Liste und sagte: »hier steht ja ein Sachse.« – »So?« sagte ich; »nun so will ich ein Sachse bleiben.« Er schwieg, ließ mich aber, nachdem Alle verlesen waren, mit den Preußen aussteigen. Man stellte sich, und es ging zu Lande weiter. Ich hatte damals die Gewohnheit, ein Buch zwischen Weste und Beinkleider unter den Gürtel zu stecken. Das Buch mochte diesmal etwas zu stark sein und den Leib unförmlich machen. »Was Teufel, ist der Kerl schwanger?« sagte ein Hauptmann Lesthen, der eben vor mir stand, und hob die Weste beim Flügel auf, und es wurde der Julius Cäsar zu Tage gefördert. »Was Henker, macht Er denn mit dem Buche?« fuhr er fort. »Ich lese darin;« war meine Antwort. »Wo hat Er denn das Latein gelernt?« – »Das Latein pflegt man gewöhnlich in der Schule zu lernen.« Er schüttelte den Kopf. Ich hatte in dem Buche eine Menge Randnoten aus dem Vegez, Frontin und andern Alten und Neuen, auch wohl von mir selbst niedergeschrieben. »Von wem sind denn die Bemerkungen hier?« – »Von mir, und vor mir von den angegebenen Herren.« Er sah mich fest an und endigte mit dem spöttischen Abschied: »Er wird wohl einmal ein recht großer Mann werden.« – »Schwerlich,« sagte ich; »das ist unter den Deutschen gar nicht wahrscheinlich: aber wenigstens will ich nicht Schuld sein, dass es nicht wird.« Nun ging es fort, und ich las, ohne eben weiter einen Zweck zu denken, in den Ruhestunden zuweilen nach meiner Weise

einige Kapitel, aus bloßem Bedürfnis, mich besser zu be-
schäftigen, als ich in meinen Umgebungen sonst wohl
konnte. |...|

So fuhren wir denn den ganzen Strom hinab von Münden bis zu Bremerlee, wo uns die englischen Transportschiffe erwarteten. In Münden auf der Wiese besichtigte
uns der Mäkler Fawcet, und es gab von den Dragoner-
Unteroffizieren und Gardisten einige freundlichen Rip-
penstöße, weil wir nicht laut und voll und sonorisch genug: Es lebe der König! schrien. Da ich als ein kleiner Kerl
im Ranzengliede, das heißt im mittelsten, stand, entging
ich den Püffen, ohne eine Silbe zu sagen genötigt zu sein.
Aber den Hut musste ich wenigstens mit schwingen.

Es würde mir ein hoher Genuss gewesen sein, an der
Hand eines Freundes und Geschichtskenners die Partien
der Weser von Korvey bis Bremen zu besehen, wo die
Schönheiten der Natur durch den Gedanken der alten, jetzt
verlorenen Nationalehre magisch beleuchtet werden; aber
damals war unsere Reise ein sklavisches, dumpfes Hinstar-
ren auf die Gegenden, wo ehemals Männer für ein besseres,
nicht so üppiges Vaterland kämpften. Von Varus bis zu
Bonifaz herab schwebten mir dunkel die Szenen vor; Bonifaz, der mit heiliger Einfalt die heroische Tugend vertrieb
und die feiner gewebte Sklaverei spann, die uns zum Spiel-
werk Anderer gemacht hat. Von Bremen bis Bremerlee
fuhren wir in andern Fahrzeugen, die schon See halten
können, aber sich nicht weit von den Küsten entfernen.
Unbekümmert legte ich mich Abends hin und schlief
mitten auf dem Strome und war sehr verblüfft, als unsere
ganze kleine Flotte des Morgens am Ufer ganz trocken da
saß und wartete, bis die Flut sie wieder empor hob; doch
waren wir Alle nicht halb so verblüfft als bei der ähnlichen
Erscheinung Alexander's Soldaten auf dem Indus.

In den englischen Transportschiffen wurden wir gedrückt, geschichtet und gepökelt wie die Heringe. Den Platz zu sparen, hatte man keine Hangematten, sondern Verschläge in der Tabulatur des Verdecks, das schon niedrig genug war; und nun lagen noch zwei Schichten übereinander. Im Verdeck konnte ein ausgewachsener Mann nicht gerade stehen, und im Bettverschlage nicht gerade sitzen. Die Bettkasten waren für sechs und sechs Mann; man denke die Menage. Wenn viere darin lagen, waren sie voll, und die beiden letzten mussten hineingezwängt werden. Das war bei warmem Wetter nicht kalt: es war für einen Einzelnen gänzlich unmöglich, sich umzuwenden und ebenso unmöglich auf dem Rücken zu liegen. Die geradeste Richtung mit der schärfsten Kante war nötig. Wenn wir auf so einer Seite gehörig geschwitzt und gebraten hatten, rief der rechte Flügelmann: »Umgewendet!« und es wurde umgeschichtet; hatten wir nun auf der andern Seite *quantum satis* ausgehalten, rief das Nämliche der linke Flügelmann, und wir zwängten uns wieder in die vorherige Quetsche. | ... |

Es war mir doch ein sonderbares Gefühl, als ich den andern Morgen auf das Verdeck trat, und zum ersten Mal nichts als Himmel und Wasser um mich sah. Der Ozean wogte majestätisch, und die Schiffe tanzten magisch wie kleine Spielwerke auf der unbegrenzten, ungeheuren Fläche; der Himmel war bewölkt und teilte dem Wasser seine tiefe, ernsthafte Farbe mit. Ich war wirklich in einer andern Welt und fühlte mich abwechselnd größer und kleiner, nachdem eine erhabene oder bange Empfindung eben in der Seele herrschte. So war es, als unter meinem Fuße Gewitter rollten und furchtbar schöne Zauberwelten bildeten, neben mir die schwarzroten Wolkensäulen des Aetna stürmten, und über mir die milden Sonnenstrahlen Wärme umhergossen und weithin die ganze große Insel mit ihrer Fabelwelt magisch färbten. Bald kam Sturm und mit ihm die Seekrankheit. Beide waren weiter nicht gefährlich, aber doch den Neulingen furchtbar genug. Fünf der sechsmännischen Menage waren krank; ich blieb leider allein gesund. Die Seekrankheit ist nichts als die Wirkung der ungewöhnlich heftigen Bewegung, der man nicht Einhalt tun kann. Man hat ähnliche Erscheinungen genug auf dem Lande. Reiten und Fahren, vorzüglich rücklings, Schaukeln, Karusselldrehen und ähnliche gymnastische Übungen sind die besten Vorbereitungen zu Seereisen. Die nächsten Vorkehrungen sind, wenig essen und hart und kalt, und wenig trinken und kalt und säuerlich: also ist Wurst, Schinken und dergleichen und Limonade und Wein vielleicht die gemessenste Diät die ersten Tage zur See. Ich sage, ich blieb leider gesund; auch für mich leider! Die Seeluft gibt gewaltigen Appetit; die Schiffsportionen waren klein. Da Niemand aus der Menage essen konnte, hatte ich die Fülle zur Sättigung und konnte Vorrat von Zwieback sammeln, so dass ich wirklich eine ganze große Nachtmütze voll hatte. Bald kam Einer und forderte seine Portion, dann der Andere, dann der Dritte, und so fort; in kurzer Zeit war ich auf mein eigenes kleines Kontingent gesetzt. Die Genesenen waren durch die Krankheit und das Fasten gehörig auf die beschränkte Portion vorbereitet; die Gesunden hingegen hatten eine sehr unangenehme Speisekapazität gewonnen. Bald war mein kleiner Vorrat aufgezehrt, und mein Magen war bei der ganzen Portion auf ein sehr unbehagliches Halbfasten reduziert. Hier sorgte denn zufällig die Muse für ihren Zögling. Ich saß auf dem Quarterdeck und las eben Horazens »*Angustam, amici, pauperiem*«, als der dicke Steuermann mich sehr unfreundlich von der Bank schleudern wollte. Ich brummte meine Unzufriedenheit in meinem Bisschen Englisch, das ich von Rogler gelernt hatte, so gut ich konnte, und wollte hinunter in meinen Kasten schleichen, wo ich mich von Niemand hudeln ließ. Der Kapitän kam dazu, guckte mir in das Buch und hieß mich sitzen bleiben. Als er einige Anordnungen gemacht hatte, kam er zurück und fing eine Art von Unterhaltung mit mir an: »»*You read latin, my boy?*« – »*Yes, Sir.*« – »*And you understand it?*« – »*I believe, I do.*« – »*Very well; it is a very good diversion in the situation, you are in.*« – »*So I find, Sir; indeed a great consolation.*« So ging es denn freundlich und teilnehmend weiter. Er nahm mich mit in seine Kajüte und zeigte mir seine Reisebibliothek, die aus guten Engländern und einigen Klassikern bestand, und versprach mir, wenn ich die Bücher gut halten würde, mir zuweilen eines daraus zu leihen. Durch seine Freundschaft erhielt ich etwas mehr Freiheit auf dem Schiffe, zumal da ich etwas Vergnügen am Seewesen zeigte und in wenigen Tagen mir die Nomenklatur der Taue und Segel merkte und sehr flink und sicher oben in dem Mastwerke mit herum lief. Es war wieder das Bedürfnis der Tätigkeit, die mir allerhand kleine Vorteile schaffte und mich vorzüglich gesund erhielt. Da der Kapitän wohl merkte, dass die Schiffsportion meinem exemplarischen Appetit nicht zureichend war, ließ er mir großmütig heimlich zuweilen eine Nachtmütze voll Zwieback und Rindfleisch zukommen, welches in der Tat im eigentlichsten Verstande ein sehr wohltätiges Stipendium war.

Die Kost war übrigens nicht sehr fein, so wie sie nicht sehr reichlich war. Heute Speck und Erbsen und morgen Erbsen und Speck; übermorgen *pease and pork* und sodann *pork and pease*: das war fast die ganze Runde. Zuweilen Grütze und Graupen, und zum Schmause Pudding, den wir aus muffigem Mehl halb mit Seewasser, halb mit süßem Wasser und altem Schöpsenfett machen mussten. Der

Speck mochte wohl vier oder fünf Jahr alt sein, war von beiden Seiten am Rande schwarzstriefig, weiter hinein gelb, und hatte nur in der Mitte noch einen kleinen weißen Gang. Eben so war es mit dem gesalzenen Rindfleische, das wir in beliebter Kürze oft roh als Schinken aßen. In dem Schiffsbrote waren so viele Würmer, die wir als Schmalz mitessen mussten, wenn wir nicht die schon kleine Portion noch mehr reduzieren wollten; dabei war es so hart, dass wir nicht selten Kanonenkugeln brauchten, es nur aus dem Gröbsten zu zerbrechen; und doch erlaubte uns der Hunger selten es einzuweichen; auch fehlte es oft an Wasser. Man sagte uns, und nicht ganz unwahrscheinlich, der Zwieback sei französisch; die Engländer haben ihn im siebenjährigen Kriege den Franzosen abgenommen, seit der Zeit habe er in Portsmouth im Magazine gelegen, und nun fütterte man die Deutschen damit, um wieder die Franzosen unter Rochambeau und Lafayette, so Gott wolle, tot zu schlagen. Gott muss aber doch nicht recht gewollt haben. Das schwergeschwefelte Wasser lag in tiefer Verderbnis. Wenn ein Fass heraufgeschroten oder aufgeschlagen wurde, roch es auf dem Verdeck wie Styx, Phlegethon und Kokytus zusammen: große, fingerlange Fasern machten es fast konsistent; ohne es durch ein Tuch zu seigen, war es nicht wohl trinkbar, und dann musste man immer noch die Nase zuhalten, und dann schlug man sich doch noch, um nur die Jauche zu bekommen. An Filtrieren war für die Menge nicht zu denken. Guten, ehrlichen Landmenschen kommt dieses ohne Zweifel schrecklich vor; aber wer Feldzüge und Seefahrten mitgemacht hat, findet darin nichts Ungewöhnliches. Rum wurde gegeben und zuweilen etwas Bier, welches dem Porter ähnlich war und bei den Matrosen *strong beer* hieß. Da ich den ersten nicht genießen konnte, tauschte ich ihn gegen das letzte aus, welches mir Wohltat war. Zuweilen wurde mir auch eine Flasche Porter zugesteckt, da ich am Wein durchaus keinen Geschmack fand.

Stürme hatten wir oft und einmal so stark, dass uns der Aufsatz des Vordermastes und die große Rah zerbrach. Die Türmung der Wogen, das Heulen der Winde durch die Segel, das Schlagen und Klirren der Taue, das Donnern der Wellen an die Borde, das Geschrei und Lärmen des Schiffsvolks, der ganze furchtbar empörte Ozean, Alles ist dem Neuling schrecklich; aber bald wird man es gewohnt und schläft ruhig unter dem Kampfe der Elemente. Der sybaritische Amtmann am Rheine, der die Nachtigallen wegschießen ließ, weil sie ihn im Schlafe störten, könnte keine bessere Kur brauchen als eine Reise über den Ozean – zumal in einem englischen Transportschiffe. Nichts gibt aber auch dem Sinn ein größeres Bild von der Kraft des menschlichen Geistes als das Regiment eines großen Schiffes. Man nehme eines aus der Linie. Man gebe ihm neunzig Kanonen; es ist noch keines von den ersten. Sie sind alle von dem größten Kaliber. Für jedes Stück habe man zweihundert Schüsse an Pulver und Kugeln: welcher Vorrat! Segel und Taue und Stangenwerk, Vieles doppelt: eine Besatzung von tausend Mann, welche ungeheure Masse für ein Auge, das sie zusammen auf dem Lande sieht! Für diese Mannschaft Lebensmittel an Essen und Trinken für viele Monate. Dieses Alles in einer einzigen Maschine beisammen, mit welcher die Wogen wie mit einem Federballe spielen; und dieses ungeheure Ganze führt der menschliche Geist stolz und ruhig durch empörte Elemente hin und her nach seiner Wahl. Curio's Theater, die sich mit halb Rom auf einem Schwerpunkt drehten, als ob sie der Weltbeherrscher spotteten, waren kaum eine größere Erscheinung.

Wir fuhren nicht durch den Kanal und die spanische See, weil damals noch die Spanier und Franzosen dort mit Flotten kreuzten und auf uns lauerten; sondern segelten um die Inseln nördlich an den Orkaden weg. Der Sturm trieb uns weit weit nordwärts: und der Sicherheit wegen gab man vielleicht mehr nach als nötig war. Wir konnten mutmaßlich nicht weit von Grönland sein; wir froren tief im Sommer, dass wir zitterten Tag und Nacht. Alles ging schlecht genug; wir brachten über einer Fahrt, die sonst gewöhnlich nur vier Wochen dauert, zwei und zwanzig zu. Die Portionen wurden noch knapper an Brot und Fleisch und Wasser, und meine Bekanntschaft mit dem Kapitän war mir noch wohltätiger. Krankheiten nahmen sehr überhand; doch starben von ungefähr fünfhundert Mann nur sieben und zwanzig, wenn ich nicht irre. |...|

Einige Monate ist das Herumschwimmen auf dem Ozean, bei gehörigen Veränderungen, so lange die Erscheinungen neu sind, keine üble Partie; zumal wenn man in so zahlreicher Gesellschaft segelt wie wir. Unsere Flotte von Transportschiffen aller Art, begleitenden Kriegsschiffen und Kaufmannsfahrzeugen, die die Gelegenheit der Sicherheit benutzten, mochte sich wohl auf siebzig Segel belaufen, und der Abend und Morgen einer solchen schwimmenden Kolonie hat sein Angenehmes, wenn die See nicht zu hoch und zu still ist. Besonders hat das Geläute etwas traulich Heimisches und doch etwas sehr Feierliches auf der unermesslichen Fläche, dass ich nicht selten zu einem sehr innigen Gebet gestimmt wurde. Was weder Vernunft noch Gefahr bewirken, bewirkt oft die magische Psychagogie der Töne durch das Gefühl.

Wenn ich nicht mit den Matrosen arbeitete, lag ich bei

schönem Wetter mit dem Virgil oben im Mastkorbe und verglich unsern überstandenen Sturm mit dem seinigen und fand ihn nie so lebendig wahr als eben jetzt, wo ich an den vorigen dachte und den kommenden erwartete. | … |

Endlich bekamen wir das Ufer von Akadien zu Gesichte und liefen unter allgemeinem Freudengeschrei in der Bucht von Hallifax ein. Hallifax ist unstreitig einer der besten Hafen am Ozean, vielleicht der beste, für eine unzählige Menge Schiffe; sicher gegen alle Stürme. Die Insel und das Fort St. George nebst einigen starken Landbatterien verteidigen den Eingang, und es gehört schon eine ziemliche Menge dazu, ihn zu forcieren. Seine Lage ist so, dass er mit Fleiß und Aufwand unbezwinglich gemacht werden kann, wenn man nur die Landseite zu verteidigen im Stande ist.

Man brachte uns wahrscheinlich nach Hallifax, weil es in Newyork und den andern Provinzen schon höchst misslich mit den Royalisten stand, und man das Ausschiffen kaum wagen durfte. Der Tag der Ausschiffung war einer der schönsten und einer der schlimmsten. Zwei und zwanzig Wochen waren wir herumgeschwommen, ohne das geringste Land gesehen zu haben. Da wir keine britischen Amphibienseelen waren, sehnte sich Alles ohne Ausnahme nach festem Fuße, zumal da der Scharbock empfindlich zu werden anfing. Es war ein Hungertag, da uns die Schiffe an das Land wiesen, und das Landkommissariat, zumal da das Ausschiffen sich sehr spät verzögerte, noch nicht geliefert hatte. Doch vergaß Jeder in der Freude gern die Forderung des Magens, wenn er nur den Boden begrüßen konnte. | … |

Als ich vom Schiffskapitän Abschied nahm, drückte er mir mit herzlicher Freundlichkeit die Hand. »*It is a pity,*

my boy,« sagte er, »*you do not stay with us; you would soon be-
come a very good sailor.*« − »*Heartily I would,*« sagte ich, »*but
you see, it is impossible.*« − »*So it is,*« rief er, »*god speed you
well!*« Mit einem dankbaren Wunsche für den menschen-
freundlichen Mann stieg ich die Leiter hinab in's Boot
und ruderte dem Ufer zu.[6]

3.

KRIEGSSPIELE – IM NAMEN DER ENGLISCHEN KRONE GEGEN DIE FREIHEIT

Das Ufer um Hallifax her ist unfreundlich, ziemlich öde und unfruchtbar. Der Ort, der uns zum Lager angewiesen wurde, war abhängiger Felsenboden. Wir kamen spät an's Land, und ehe die Bedürfnisse herbeigeschafft wurden, ward es fast Nacht. Die Zelte kamen an und sollten aufgeschlagen werden. Man hatte mich zum Unteroffizier ernannt; ich sollte also für das Aufschlagen sorgen. Nun hatte ich in meinem Leben nur ein einziges Lager ganz nahe gesehen und wusste von der Maschinerie eines Zeltes nicht einen Pfifferling. »Schlippe,« sagte ich zu einem alten preußischen Grenadier, der mir zugeteilt war, »Latein und Griechisch verstehe ich so ziemlich, aber wenig vom praktischen Militär; helfe Er mir durch, vielleicht kann ich wieder durchhelfen.« Der alte Soldat lächelte, ergriff das Beil, nahm Einige mit sich, tat, als ob er meine weisen Befehle ausführte, und in einer Stunde stand unser Zelt, trotz den übrigen so gut da, als es der harte Boden erlauben wollte. Die Schwierigkeit war nicht klein, da die Zeltstangen und Zeltpflöcke erst aus dem Walde geholt und gehauen werden mussten. Die Nacht kam ein Sturm wie ein Orkan, der unserer Architektur weidlich spottete. Den folgenden Morgen standen vom ganzen Lager nicht zehn Zelte mehr fest; das unsrige stand nur halb; viele hatte der Wind in den Morast hinabgetrieben. Nun fingen wir an, etwas solider zu bauen, wozu uns auch die Kälte trieb; denn es war schon spät im Jahr und ein kimmerisches Wetter auf der verdammten Landzunge.

Da man den Transport nicht zu den Regimentern bringen konnte, wurden wir in ein Bataillon von fünf Kompagnien formiert und sollten für uns Dienste tun. Das ging toll genug; der Oberst Hatzfeld tat sein Möglichstes, das Gesindel in Ordnung zu bringen. Fast die Hälfte waren gediente Leute; das machte die Sache etwas leichter: nur waren, wie natürlich, die besten Soldaten immer die liederlichsten Kerle. Ich als Unteroffizier sollte nun den Exerziermeister machen und wusste selbst noch blutwenig. »Schlippe,« sagte ich wieder, »Er sieht wohl, dass es mit mir noch etwas hapert. Wir wollen täglich eine Stunde in den Wald gehen, als ob's zur Jagd wäre; da ist Er wohl so gut, mir einige Handgriffe gründlicher zu zeigen, als ich sie bis jetzt gefasst habe.« Der alte Satyr lächelte und meinte: »es würde schon gehen; zur Not auch ohne ihn.« Es ging; gerade wie bei einem Professor, *qui docendo discit,* ward es täglich mit mir besser, und bald galt ich für einen Kerl, der sein Gewehr meisterhaft zu handhaben verstand und sich in die kleinen Evolutionen geschickt genug zu finden wusste. Es gehört nur einige Kenntnis mathematischer Figuren und etwas Geistesgegenwart zu dem Letzten.

Das Leben im Lager im Spätjahr war schlecht genug; keine gute Kost, und Kälte bis zum Heulen und Zähneklappern. Unser Bataillon sah aus buntscheckig wie eine Harlekinsjacke, da es aus den Uniformen aller Regimenter bestand. Wir hatten weder Fahnen noch Kanonen, da es täglich hieß, wir sollten zu unsern Regimentern stoßen. Ich nebst ungefähr zwanzig Andern war dem Regiment Erbprinz zugefallen, habe aber das Regiment nie gesehen.

In dieser Zeit machte ich Münchhausen's, oder er vielmehr meine Bekanntschaft. Ich saß im Zelte und wärmte mich gegen die nasse Kälte etwas an Flaccus' Odenfeuer, da schlug ein Offizier den Zeltflügel zurück und fragte, ob ich der Sergeant Seume wäre. Da ich denn der war, hieß er mich herauskommen. Ich warf mich in die Ordonnanz und trat hervor; er belugte mich etwas neugierig, fasste mich am Arm, und fort ging's durch mehrere Kompagniegassen dem Ende des Lagers zu, wo sein Zelt stand. Ich wartete der Dinge, die da kommen sollten, da der Herr unterwegs ziemlich einsilbig war. In seinem Zelte lagen auf dem Tische einige Verse, die er mir hingab und mich fragte, ob sie von mir wären. Ich besah sie und sagte ja. Es war eine tragikomische Elegie über unser Leben im Lager, die, wie der Gegenstand selbst, lächerlich-weinerlich genug sein mochte. »Wir müssen bekannter werden,« sagte er; »sehr gern,« sagte ich. Er bat mich auf ein Stückchen Wildbraten; denn er ist bekanntlich ein trefflicher Weidmann, den Abend zu Tische, und da in meinem Zelte Schmalhans Küchenmeister war, so kam mir die Einladung sehr willkommen. Seitdem waren wir fast überall zusammen, wenn uns der Dienst nicht trennte, welches leider denn oft genug geschah. Münchhausen war damals, wie Johnson sich ausdrückt, *a man of sound strong unletter'd sense*, ein Mann von gesundem, gediegenem, ungelehrtem Verstande, welches ihm und mir sehr zu Statten kam; denn ich hatte verdammt viel Schulstaub und nicht wenig Schuldünkel an mir, obgleich meine klassischen Kenntnisse noch sehr seicht waren. Sein Beifall war nun meine beste Belohnung und seine Kritik meine beste Belehrung. Ich begriff, dass bloße Schule nicht Alles sei, und er fand, dass die Schule doch Vieles sei und desto mehr, wenn sie durchaus Zögling und Folgerin der bessern Natur ist.

Es hatte sich ein freundschaftlicher Zirkel von Offizieren gebildet, in den man mich unvermerkt fast unzertrennlich hinein zog und mit vieler Herzlichkeit behandelte. Münchhausen war stillschweigend durch seine Mischung

von Ernst, Bonhomie und heiterer Laune darin die Haupt-
person. Jeder trug das Seinige dazu bei, die Unterhaltung
und die Menage zu würzen. Die meisten jungen Herren
waren tüchtige Nimrode, und so fehlte es uns selten an
etwas frischem Wild auf den Tisch; denn die Lieferungs-
artikel, ausgenommen das Brot, welches vortrefflich war,
waren nicht viel besser als auf dem Schiffe. Die Lieblings-
neigung eines jungen Mannes, welcher Buttlar hieß, zur
Konditorei machte besonders unsere Desserte sehr reich
und köstlich, da es uns an Ingredienzen nicht fehlte, und
ich erinnere mich selten besseres Backwerk genossen zu
haben, als aus seiner Offizin. Es war keine uninteressante
Gruppe, wenn Einer eine wilde Ente spickte, der Andere
Madeira brachte, der Dritte das Gewehr putzte, der Vierte
Dienstaudienz gab, der Fünfte mit Schürze und Geschirr
vor dem Kamine Pastetchen schuf, der Sechste den pos-
sierlichen Ansteller machte, und der Siebente im Julius
Cäsar las, aber mehr auf die Ente und die Pasteten als auf
den Text sah. | ... | Es gelang den Herren nicht, mich zum
Jäger zu machen; ob ich gleich zuweilen aus Gefälligkeit
mitzog, oder auch wohl allein mit dem Gewehr am Wasser
herumstreifte, woran vorzüglich mein kurzes Auge Schuld
haben mochte. Denn von Jugend auf konnte ich nur auf
eine kleine Entfernung bestimmt sehen, ob ich gleich in
der Nähe sehr scharf sah und die kleinste Schrift bei
Mondschein las, welches noch jetzt ziemlich unverändert
eben so ist. | ... |

Münchhausen munterte mich beständig auf zur Arbeit,
das hieß zum Dichten, wozu ich aber weder viel Zeit
noch Lust hatte. | ... | Der Dienst war, zumal für mich als
Unteroffizier, beschwerlich genug und ließ nicht viel Zeit
übrig. Überdies spannte mich noch dazu der Oberst Hatzfeld in das Joch als Schreibersknecht, so dass ich die noch

übrigen Mußestunden beim Adjutanten als Adjuvant saß, mir fast die Finger krumm schmierte und weiter nichts erntete als ein freundliches »Wir bleiben Euch in Gnaden gewogen;« wovon doch am Ende selbst Taubmann's Katze ihr Bisschen Geist aufgab. | ... | Ich schrieb eine lange Zeit viel Regimentslisten und tat übrigens sehr wenig. Die Arbeit war zwar trocken und langweilig genug, da oft wegen eines alten, morschen Pfannendeckels, der nicht zwei Pfennige wert war, einige Bogen umkopiert werden mussten; dafür fing aber eben auch damals dort das papierne Jahrhundert recht praktisch an und hat seit der Zeit gehörige reichliche Früchte getragen. Bei Münchhausen konnte ich nun nicht so oft sein, als ich wünschte und er zu wünschen schien, und die guten Leute hoben mir manchmal mein Stück wilde Ente und einige Pastetchen auf, bis ich erst spät zur Partie kommen konnte. Ich tat abwechselnd Dienste, nach dem Behuf, als Korporal, Sergeant, Fourier und Feldwebel, so dass ich alle Süßigkeiten des kleinen Soldatenlebens recht auskosten konnte.[7]

Das Skalpieren der Wilden ist bekannt genug, und man erzählt davon fürchterliche Beispiele. Mir selbst ist keines bekannt geworden. Sie skalpieren sehr ehrlich nur ihre Feinde, und unsere Wilden waren durchaus nur freundschaftliche Leute. Ich kann wenig von ihnen sagen, was nicht schon bekannt wäre. Sie kamen sehr häufig in großer Anzahl in die Stadt, um ihre Jagdbeute zu verkaufen, die meistens aus Moostieren, Geflügel und zuweilen Fischen, vorzüglich Aalen bestand. Dafür bekamen sie Rum, europäische Bedürfnisse und spanische Taler. Sie wussten den Wert des Geldes schon sehr gut zu schätzen und betrogen eben so oft, als sie betrogen wurden. Das Moostier, oder das Elenn, ist ein majestätisches Geschöpf, das an Größe

dem größten Holsteiner Pferde nichts nachgibt, Schaufel-
geweihe wie der Damhirsch hat, die prächtig und furchtbar
ausgreifen und ihm ein schreckbares Ansehen geben. Das
Fleisch ist nicht immer gut; von einem jungen kann man
es zu den Leckerbissen zählen, wenn es gut zubereitet wird.
Man kann sich die Menge dieser Tiere denken, die dort
müssen gewesen sein, da ganze englische Regimenter Tornister von Elennsfellen hatten. Die sogenannten Wilden
waren nicht viel schlechter gekleidet, als ich die Letten,
Esten und Finnen gefunden habe. Ein grobes, graues Tuch,
künstlich genug um den Körper gewickelt, machte das
Hauptkleidungsstück. Sie kamen gewöhnlich zur See, in
ihren bekannten Booten von Birkenrinde, die meisterhaft
gebaut waren und die sie mit ihren kleinen Rudern meisterhaft zu führen verstanden. Die englischen Matrosen, die
es ihnen nachtun wollten, verloren sehr oft das Gleichge-
wicht und fielen in die See, worüber denn die Indianer
und über das europäische schwerfällige Schwimmen recht
herzlich lachten. Sie machen mit diesen Booten große
Küstenreisen und stechen damit außerordentlich weit in
die See. Ich erinnere mich eines Falles, der uns wenigstens
ziemlich unterhaltend war. Ich hatte auf einer kleinen Au-
ßenbatterie die Wache, saß auf einer Kanone und schaute
behaglich in die See hinaus, die eben ziemlich hoch und
hohl ging. Da entdeckten wir in großer Ferne etwas,
worüber Jeder seine eigenen Mutmaßungen hatte, was es
wohl sein könnte. Keiner riet die Wahrheit. Als es näher
kam, sahen wir, es war ein indisches Birkenboot, das der
Wind gerade zu uns an's Ufer trieb. Wir eilten hinab, und
es lag ein ziemlich alter Uramerikaner darin, der in Sturm
und Wogenbruch recht ruhig schlief. Neben ihm lag eine
leere und eine halbleere Rumflasche, die seinem Schlum-
mer sehr behülflich gewesen sein mochten. Er war nicht

44

zu ermuntern; denn sein Zustand ist leicht zu erraten. Wir führten ihn hinauf in's Wachthaus, legten ihn auf dem ruhigsten Ort der Pritsche nieder, wo er lethargisch fortschlief. Das Boot zogen wir an's Land, die Flaschen bargen wir; den Beutel, den er am Gürtel trug, und in dem vierzig spanische Taler waren, schloss ich aus Vorsicht in den Schrank. Als er ernüchtert erwachte, blickte er wild verwundert um sich, dass er sich auf einer europäischen Wache befand. Da wir ihm aber die gefährliche Lage bedeuteten, in welcher er sich befunden hatte, ward er heiter und schien im Begriff zu sein, uns danken zu wollen; da er aber auf den Gürtel blickte und seinen Beutel vermisste, ward sein Gesicht länger und breiter, und ein Gemisch von Gefühlen schien in seiner Seele zu arbeiten, die alle besagten: Ha, ha! so ist's? Du bist unter die weißen Leute geraten; als ich ihm aber den Beutel aus dem Schranke darreichte und er schnell am Anblick merkte, dass wohl nichts fehlen würde, er wohl auch eilig den Schluss machen mochte, dass man nicht einen Teil behalten würde, wo man des Ganzen Meister war, ward seine Freude urpatriarchalische Ausgelassenheit. Er umarmte Einen nach dem Andern, und man sah ihm an, dass ihm das Geld nicht so lieb war als die Gesellschaft ehrlicher Leute; und als er die Summe endlich vollzählig fand, bestand er durchaus darauf, die Wache sollte eine Handvoll Taler nehmen. Ich hatte gute Gründe, das zu verweigern; aber einige mussten wir behalten. Nun bugsierten wir ihn wieder in sein Boot, mit guten Erinnerungen und Warnungen vor der Rumflasche. Er schien ganz Dankbarkeit; das Wetter war besser, und er ruderte gutes Mutes durch die Bucht in den Ozean hinaus. | ... |

Die Wilden benahmen sich, so viel ich habe beobachten können, immer anständig; doch soll das nicht stets der Fall gewesen sein, und der Gouverneur soll sie militärisch haben einstecken lassen müssen, um ihren Natürlichkeiten in Hinsicht des Geschlechts Einhalt zu tun. |...| Die ich gesehen habe, waren Alle ein großer, schöner, nerviger Menschenschlag, mit länglich regelmäßigen Gesichtern, ungefähr wie die alten echten Brandenburger. Ich erinnere mich nicht einen unter ihnen gesehen zu haben, der über fünf Fuß neun Zoll oder unter fünf Fuß drei Zoll gewesen wäre; also sehr selten war einer so klein wie meine eigene Personalität, die doch unter uns noch nicht zwerghaft ist. Die kupferbraune Farbe kleidete die Männer sehr anständig ernsthaft; ungefähr wie bei uns ein Grenadier, der ein halbes Dutzend Feldzüge mitgemacht hat, eine Farbe bekommt, die von seinem Feldkessel nicht sehr verschieden ist. Aber die nämlichen Züge und die nämliche Farbe sind den weiblichen Reizen nichts weniger als günstig; und ich habe keine Indianerin gesehen, die durch ihre Erscheinung den geringsten gefälligen Eindruck auf meinen europäischen Sinn gemacht hätte, ob ich gleich eine Menge junger Mädchen gesehen habe und damals selbst ein junger, rüstiger Kerl war. Die meisten sprechen jetzt etwas Englisch, da sie vom höchsten Norden bis an die spanische Grenze hinab von lauter ursprünglich englischen Kolonien umgeben sind. Kriegerische Vorfälle haben wir außer einigen Märschen nicht gehabt; ein einziges Mal schien es zu etwas Ernsthaftem kommen zu wollen, da die Franzosen den Ort anzugreifen drohten. Aber außer einigen Schüssen von den äußersten Batterien fiel nichts vor: es blieb bei den Drohungen, vermutlich da sie die Engländer stärker und in besserer Bereitschaft fanden, als sie vermuteten. Mich ärgerte das; denn ich sah der Landung und dem blutigen Handel mit aller Neugier eines jungen Menschen entgegen, bei dem Kraftgefühl und Tätigkeitstrieb die natürliche Furchtsamkeit überwand. |...|

So kam denn endlich die Nachricht vom Frieden uns eben nicht erwünscht; denn junge, tatendurstige Leute sehen nicht gern ihrer Bahn ein Ziel gesteckt. Man hat mir geschmeichelt, ich könnte Offizier werden und mir eine Laufbahn eröffnen. Mit dem Frieden war Alles geschlossen; denn nach unserer Ordnung konnte kein Bürgerlicher in der Regel weiter aspirieren als bis zum Feldwebel; ein Ehrenposten, dessen lebenslängliche Dauer ich eben nicht sehr beneidete. Bei uns musste man Edelmann sein oder viel Geld haben, um im Staate ein Mann zu werden: zwei Verdienste, deren Gültigkeit jedem Vernünftigen sogleich in die Augen springt. Zuweilen tat Verbindung und Empfehlung auch etwas, und noch seltener wurde zufälligerweise auch wohl wirkliches Talent bemerkt. Im Kriege, wo oft *periculum in mora* ist, und wo man Männer für Ämter und nicht Ämter für Männer sucht, sind die Ausnahmen häufiger, und es tritt da, dem Kastengeist zum schweren Ärger, nicht selten das alte primitive impertinente Menschenrecht wieder ein, dass Jeder nur das gilt, was er wert ist. Doch hat es bei uns noch lange Zeit, ehe es dahin im Allgemeinen kommt: der Mensch gilt durchaus nur das, wozu ihn der Staat stempelt, und es ist keine Gefahr, dass Vernunft die Stempelordnung machen und halten werde. |...|

Unser Leben in Hallifax bestand in einem Drittel deutscher Gewöhnlichkeit, einem Drittel huronischer Wildheit und einem Drittel englischer Verfeinerung, und nach dem verschiedenen Charakter der Individuen stach eins von diesen Dritteln hervor. Bei mir blieb wohl meistens der Deutsche sitzen, obgleich Briten und Huronen mein Studium waren, und bald diese, bald jene den Vorzug behielten. |...|

Unsere Hinfahrt dauerte, wie ich oben sagte, zwei und zwanzig Wochen, eine ungeheure Länge; den nämlichen

Weg machten wir rückwärts in drei und zwanzig Tagen; also machte ich eine der besten und eine der schlimmsten Fahrten mit. Heimwärts segelten wir, als flögen wir davon; und es gewährte ein eigenes, großes, kühnes Vergnügen, auf den ungeheuren Maschinen im Sturm daher geschleudert zu werden. Es hatte sich eine große Menge Schiffe aller Arten und aller Nationen zuerst nach dem Frieden gesammelt, und wir liefen wohl über zweihundert zusammen in den Kanal ein, unter denen sich auch zwei amerikanische Fregatten mit der neuen freien Staatenflagge befanden, für einen Alt-Engländer wohl das größte Herzeleid, seitdem die britischen Flotten die Meere besegelten. Die letzte Nacht gehört zu den schönsten, die ich auf dem Wasser erlebt habe. Es war ein gewaltiger Gewittersturm auf dem Kanale in der Gegend von Portsmouth. Die zusammengeengte Flotte, das Heulen des Sturms, das Schlagen des Tauwerks, das Rollen des Donners, das Leuchten der Blitze, das grelle Aufhellen der glühenden Wogen und das augenblickliche Schließen zur schwärzesten Nacht, das Rufen und Schreien der Matrosen, das Geläute der Glocken, der ferne, dumpfe Hall der Signalschüsse, das Dröhnen und Krachen der Schiffsfugen, und die Angst, dass wir vielleicht über Klippen stürzten – man denke sich die Wirkung des Ganzen auf die entzündete Einbildungskraft! Und mit dem sich heiternden Morgenhimmel waren wir wirklich in der Nähe der Kreideberge, die dem Lande den Namen Albion geben. Es war still und frisch und freundlich wie nach einer Gewitternacht, und die Schiffe schaukelten nur noch unwillkürlich heftig auf der empörten See. Bei diesen und ähnlichen Gelegenheiten war es mein gewöhnliches Vergnügen, mich im Raum unter die Öffnung zu setzen und in die Höhe an den Horizont hinaus zu sehen; da sah ich denn die Schiffe rechts und links oben auf den Wellen tanzen. Man denke die Winkel, welche die Schiffe auf der Woge machen mussten, damit dieses möglich war. Oft war die Täuschung so groß, dass man minutenlang glaubte, ein Schiff sei von den Wellen verschlungen, das plötzlich mit Blitzesschnelle wieder auftauchte und eben so wieder verschwand. Bei Deal lagen wir einige Zeit in den Dünen vor Anker, und da wurde uns denn wohl einzeln erlaubt, an das Land zu gehen; das ist also das Ganze meines Aufenthalts in Alt-England und kaum der Erwähnung wert. Die Fahrt über die Nordsee war diesmal sehr stürmisch und langweilig, welches desto verdrießlicher war, da die Reise über den Ozean so schnell ging und wir das Übrige nur noch für einen Katzensprung hielten.[8]

4.

ZU FUSS VON SACHSEN NACH SYRAKUS

Lieber Leser,

Voriges Jahr machte ich den Gang, den ich hier erzähle; und ich tue das, weil einige Männer von Beurteilung glaubten, es werde vielleicht vielen nicht unangenehm, und manchen sogar nützlich sein. Vielleicht waren diese Männer der Meinung, ich würde es anders und besser machen: darüber kann ich, in der Sache, nur an meine eigene individuelle Überzeugung appellieren; so gern ich auch eingestehen will, dass sie hier und da Recht haben mögen, was die Form betrifft.

Ich hoffe, Du bist mein Freund oder wirst es werden; und ist nicht das eine und wird nicht das andere, so bin ich eigensinnig zu glauben, dass die Schuld nicht an mir liegt. Vielleicht erfährst Du hier wenig oder nichts neues. Die Vernünftigen wissen das alles längst. Aber es wird meistens entweder gar nicht oder nur sehr leise gesagt: und mir deucht es ist doch notwendig, dass es nun nach und nach auch laut und fest und deutlich gesagt werde, wenn wir nicht in Ewigkeit Milch trinken wollen. Bei dieser Kindernahrung möchte man uns gar zu gern beständig erhalten. Ohne starke Speise wird aber kein Mann im Einzelnen, werden keine Männer im Allgemeinen: das hält im Moralischen wie im Physischen. Es tut mir leid, wenn ich in den Ton der Anmaßlichkeit gefallen sein sollte. Aber es ist schwer, es ist sogar ohne Verrat der Sache unmöglich, bei gewissen Gegenständen die schöne Bescheidenheit zu halten. Ich überlasse das Gesagte der Prüfung und seiner

Wirkung, und bin zufrieden, dass ich das Wahre und Gute wollte.

Es ist eine sehr alte Bemerkung, dass fast jeder Schriftsteller in seinen Büchern nur sein Ich schreibt. Das kann nicht anders sein, und soll wohl nicht anders sein; wenn sich nur jeder vorher in gutes Licht und reine Stimmung setzt. Ich bin mir bewusst, dass ich lieber das Gute sehe und mich darüber freue, als das Böse finde und darüber zürne: aber die Freude bleibt still, und der Zorn wird laut.

In Romanen hat man uns nun lange genug alte, nicht mehr geleugnete Wahrheiten dichterisch eingekleidet, dargestellt und tausend Mal wiederholt. Ich tadle dieses nicht; es ist der Anfang: aber immer nur Milchspeise für Kinder. Wir sollten doch endlich auch Männer werden, und beginnen, die Sachen ernsthaft geschichtsmäßig zu nehmen, ohne Vorurteil und Groll, ohne Leidenschaft und Selbstsucht. Örter, Personen, Namen, Umstände sollten immer bei den Tatsachen als Belege sein, damit alles so viel als möglich aktenmäßig würde. Die Geschichte ist am Ende doch ganz allein das Magazin unsers Guten und Schlimmen.[9]

An der Barriere (in Wien) wurden wir durch eine Instanz angehalten und an die andere zur Visitation gewiesen. Ich armer Teufel wurde hier in der besten Form für einen Hebräer angesehen, der wohl Juwelen oder Brabanter Spitzen einpaschen könnte. Über die Physiognomen! Aber man musste doch den *casum in terminis* gehabt haben. Mein ganzer Tornister wurde ausgepackt, meine weiße und schwarze Wäsche durchwühlt, mein Homer beguckt, mein Theokrit herumgeworfen und mein Virgil beschaut, ob nicht vielleicht etwas französischer Konterband darin stecke; meine Taschen wurden betastet und selbst meine Beinkleider fast bis an das heilige Bein durchsucht: alles sehr höflich; so viel nämlich Höflichkeit bei einem solchen Prozesse Statt finden kann. *I must needs have the face of a smuggler.* Meine Briefe wurden mir aus dem Taschenbuche genommen, und dazu musste ich einen goldnen Dukaten eventuelle Strafe niederlegen, weil ich gegen ein Gesetz gesündigt hatte, dessen Existenz ich gar nicht wusste und zu wissen gar nicht gehalten bin. »Du sollst kein versiegeltes Blättchen in deinem Taschenbuche tragen.« Der Henker kann so ein Gebot im Dekalogus oder in den Pandekten suchen. Aus besonderer Güte, und da man doch am Ende wohl einsah, dass ich weder mit Brüssler Kanten handelte noch die Post betrügen wollte, erhielt ich die Briefe nach drei Tagen wieder zurück, ohne weitere Strafe, als dass man mir für den schönen vollwichtigen Dukaten, nach der Kaisertaxe, von welcher kein Kaufmann in der Residenz mehr etwas weiß, neue blecherne Zwölfkreuzerstücke gab. | ... |

Hierher (auf die italienische Kanzlei) wurde ich mit meinem alten Passe von der Polizei um einen neuen gewiesen. Im Vorzimmer war man artig genug und meldete mich, da ich Eile zeigte, sogleich dem Präsidenten, der eine Art von Minister ist, den ich weiter nicht kenne. Er hatte meinen Pass von Dresden schon vor sich in der Hand, als ich eintrat.

»Währ üß Ähr?« fragte er mich mit einem stier glotzenden Molochsgesicht in dem dicksten Wiener Bratwurstdialekt. Ich ehre das Idiom jeder Provinz, so lange es das Organ der Humanität ist; und die braven Wiener mit ihrer Gutmütigkeit haben in mir nur selten das Gefühl rege gemacht, dass ihre Aussprache etwas besser sein sollte. Ich tat ein kurzes Stoßgebetchen an die heilige Humanität, dass sie mir etwas Geduld gäbe, und sagte meinen Namen, indem ich auf den Pass zeigte.

»Wu will Ähr hünn?«

Steht im Passe: nach Italien.

»Italien üß gruhß.«

Vor der Hand nach Venedig, und sodann weiter.

»Slähftr holtr sähr füehl sulch lüederlüchches Gesüendel härümmer.«

Nun, Freund, was war hier zu tun? Dem Menschen zu antworten, wie er es verdiente? Er hätte leicht Mittel und Wege gefunden, mich wenigstens acht Tage aufzuhalten, wenn er mich nicht gar zurückgeschickt hätte; denn er war ja ein Stück von Minister. Ich suchte also eine alte militärische Aufwallung mit Gewalt zu unterdrücken. Der Graf Metternich in Dresden muss wohl wissen, was er tut, und wem er seine Pässe gibt: er ist verantwortlich dafür! sagte ich so bestimmt als mir der Ton folgte. Der Mensch belugte mich von dem verschnittenen Haarschädel den polnischen Rock herab bis auf die Schariwari, die um ein Paar derbe rindslederne Stiefeln geknöpft waren.

»Wu wüll Ähr weiter hünn?«

Vorzüglich nach Sizilien.

Er glotzte von neuem, und fragte:

»Waß wüll Ähr da machchen?«

Hätte ich ihm nun die reine platte Wahrheit gesagt, dass ich bloß spazierengehen wollte, um mir das Zwerchfell auseinanderzuwandeln, das ich mir über dem Druck von Klopstocks Oden etwas zusammengesessen hatte, so hätte der Mann höchst wahrscheinlich gar keinen Begriff davon gehabt, und geglaubt, ich sei irgendeinem Bedlam entlaufen.

Ich will den Theokrit dort studieren, sagte ich.

Weiß der Himmel was er denken mochte; er sah mich

an, und sah auf den Pass und sah mich wieder an, und schrieb sodann etwas auf den Pass, welches, wie ich nachher sah, der Befehl zur Ausfertigung eines andern war.

»Abber Ähr dörf süchch nücht ünn Venedig uffhalten.«

Ich bin es nicht Willens, antwortete ich mit dem ganzen Murrsinn der düstern Laune, und bekomme hier auch nicht Lust dazu. Er beglotzte mich noch einmal, gab mir den Pass, und ich ging. |...| Ist das der Vorschmack von Italien? dachte ich; das fängt erbaulich an.[10]

In Cilli (Celje) kam ich ziemlich spät an, und tat mir gütlich in sehr gutem Bier, das nun ziemlich selten zu werden anfängt. Aus Verzweiflung muss ich Wein trinken, und zwar viel; denn sonst würde man mich ohne Barmherzigkeit auf ein Strohlager weisen, und wenn ich auch noch so sehr mit dem Gelde klingelte. Es wurde hier bei meiner späten Ankunft so stark geschossen und geschrien, dass ich glaubte, es wäre Revolution im Lande. Wie ich näher kam, hörte ich, dass es Schlittenfahrten waren. In Cilli hätte ich auch bald meine irdische Laufbahn geschlossen: das ging so zu: Ich aß gut und viel, wie gewöhnlich, in der Wirtsstube, und hatte bestellt, mir ein gutes Zimmer recht warm zu machen, weil es fürchterlich kalt war: denn die steiermärkischen und krainischen Winter halten sich in gutem Kredit, und der jetzige ist vorzüglich strenge. Nach der Mahlzeit ging ich auf das Zimmer, zog mich aus, stellte mich einige Minuten an den Ofen, und legte mich zu Bette. Du weißt, dass ich ein gar gesunder Kerl bin, und jeden Tag gut esse, und jede Nacht gut schlafe. So auch hier. Aber es mochte vielleicht gegen vier Uhr des Morgens sein, als ich durch eine furchtbare Angst geweckt wurde und den Kopf kaum heben konnte. So viel hatte ich noch Besinnung, dass ich erriet, ich schlief in einem neu geweißten Zimmer, das man auf mein Verlangen gewaltig geheizt hatte. Als ich mich aufzurichten versuchte, um das Fenster zu öffnen, fiel ich kraftlos und dumpf auf den Pfühl zurück und verlor das Bewusstsein. Als es helle ward, erwachte ich wieder, sammelte nun so viel Kraft das Fenster zu öffnen, mich anzuziehen, in der Eile das Zimmer zu verlassen, hinunter zu taumeln und unten etwas Wein und Brot zu bestellen. Hier kam der zweite Paroxysmus; ich sank am Tische hin in einen namenlosen Zustand, wie in einen lichtleeren Abgrund, wo Finsternis hinter mir zuschloss. So viel erinnere ich mich noch; ich dachte, das ist der Tod, und war ruhig: sie werden mich schon gehörig begraben. Kurze Zeit darauf erwachte ich wieder unter dem entsetzlichsten Schweiße, der mich aber mit jedem Augenblicke leichter ins Leben zurückbrachte. Der ganze Körper war nass, die Haare waren wie getaucht, und auf den Händen standen große Tropfen bis vorn an die Nägel. Niemand war in dem Zimmer; der Schweiß brachte mir nach der Schwere des Todes ein Gefühl unaussprechlicher Behaglichkeit. Etwas Schwindel kam zurück; nun suchte ich mich zu ermannen und nahm etwas Wein und Brot. Die Luft, dachte ich, ist die beste Arznei, und auf alle Fälle stirbt man besser in dem freien Elemente, als in der engen Kajüte. So nahm ich meinen Tornister mit großer Anstrengung auf die Schulter und ging oder wankte vielmehr fort; aber mit jedem Schritte ward ich leichter und stärker, und in einer halben Stunde fühlte ich nichts mehr, ob mir gleich Kleid, Hut, Haar und Bart und das ganze Gesicht schwer bereift war, und der ganze Kerl wie schlechte verschossene Silberarbeit aussah; denn es fiel ein entsetzlich kalter Nebel. Nach zwei Stunden frühstückte ich wieder mit so gutem Appetit, als ich je getan hatte.

Siehst Du, lieber Freund, so hätte mich der verdammte Kalk beinahe etwas früher als nötig ist aus der Welt gefördert.[11]

Den dritten Februar, wenn ich mich nicht irre, kam ich in Venedig an, und lief sogleich den Morgen darauf mit einem alten, abgedankten Bootsmann, der von Lissabon bis Konstantinopel und auf der afrikanischen Seite zurück die ganze Küste kannte, und jetzt den Lohnbedienten machen musste, in der Stadt herum; sah mehr als zwanzig Kirchen in einigen Stunden, von der Kathedrale des heiligen Markus herab bis auf das kleinste Kapellchen der ehemaligen Beherrscherin des Adria. Wenn ich Künstler oder nur Kenner wäre, könnte ich Dir viel erzählen von dem was da ist und was da war. | ... |

Das Traurigste ist in Venedig die Armut und Bettelei. Man kann nicht zehn Schritte gehen, ohne in den schneidendsten Ausdrücken um Mitleid angefleht zu werden; und der Anblick des Elends unterstützt das Notgeschrei des Jammers. Um alles in der Welt möchte ich jetzt nicht Beherrscher von Venedig sein; ich würde unter der Last meiner Gefühle erliegen. | ... | Wenn ich länger in Venedig bliebe, müsste ich notwendig mit meiner Börse oder mit meiner Empfindung Bankerott machen.[12]

In Imola machte ich einen etwas barocken Einzug. Ich kam gerade zu den Harlekinaden der Faschingsmasken, wovon ich in Pordenone schon einen Prodrom gesehen hatte. Die ganze Stadt war in Mummerei und zog in bunten Gruppen in den Straßen herum. Nur hier und da standen unmaskiert einige ernsthafte Männer und Matronen und sahen dem tollen Wesen zu. Meine Erscheinung mochte für die Leute freilich etwas hyperboreisch sein;

eine solide polnische Kleidung, ein Seehundstornister mit einem Dachsgesicht auf dem Rücken, ein großer, schwerer Knotenstock in der Hand. Die Maskerade hielt alle Charaktere des Lebens, ins Groteske übersetzt. Auf einmal war ich von einer Gruppe umgeben, die allerhand lächerliche Bocksprünge um mich herum machte. Die ernsthaften Leute ohne Maske lachten, und ich lachte mit; einen genialischen Aufzug dieser Art kann man freilich nicht auf der Leipziger Messe haben. Plötzlich trat mit den possierlichsten Stellungen eine tolle Maskenfratze vor mich hin und hielt mir ein Barbierbecken unter die Nase, das Don Quixotte sehr gut als Helm hätte brauchen können; und ein anderes Bocksgesicht setzte sich hinter mich, um von seinem Attribut der Klistierspritze Gebrauch zu machen. Stelle Dir das donnernde Gelächter von halb Imola vor, als ich den Klistierspritzenkerl mit einer Schwenkung vollends umrannte, meinen Knotenstock komisch nach ihm hinschwang und meine Personalität etwas aus dem Gedränge zu Tage förderte. Zum Unglück muss ich Dir sagen, dass mein Bart wirklich über drei Tage lang war und dass ich von den dortigen roten Weinen, an die ich nicht gewöhnt war, mich in einer Art von Hartleibigkeit befand. Die Menge zerstreute sich lachend, und ein ziemlich wohlgekleideter Mann ohne Maske, den ich nach einem Gasthof fragte, brachte mich durch einige Straßen in die Hölle, Nummer Fünfe. Das war nun freilich kein erbaulicher Name; indessen ich war ziemlich müde und wollte in meinen Pontifikalibus nicht noch einmal durch das Getümmel laufen, um ein besseres Wirtshaus zu suchen; also blieb ich Nummer Fünfe in der Hölle.[13]

Vor Savignano ging ich, nicht wie Cäsar, über den Rubikon. Wahrscheinlich hat der kahlköpfige Weltbeherrscher hier oder etwas weiter unten am Meere den ersten entscheidenden Schritt getan, die sonderbare Freiheit seines Vaterlandes zu zertrümmern, als er als Despot des neu eroberten Galliens zurückkehrte. Ein eigener Charakter, der Julius Cäsar. Es ist von gewissen Leuten schwer zu bestimmen, ob sie mehr Liebe oder Hass verdienen. Ich erinnere mich, dass es mir in einem solchen moralischen Kampfe einmal entfuhr, Cäsar sei der liebenswürdigste Schurke, den die Geschichte aufstelle. Die Äußerung hätte mir fast die Beschuldigung der verletzten Majestät aller Monarchen zugezogen. Dagegen wollte man mir neulich beweisen, Brutus sei eigentlich der Schurke gewesen, und Cäsar ganz Liebenswürdigkeit. So, so; *bien vous fasse!* Ihr seid es wert, Cäsarn mit seiner ganzen Sippschaft und liebenswürdigen Nachkommenschaft zu Herrschern zu haben; ob ich es gleich nicht über mich nehmen wollte, den Junius Brutus durchaus zu verteidigen. Also hier gingen wir beide über den Rubikon, Cäsar und ich: haben aber übrigens beide nichts miteinander gemein, als dass wir – nach Rimini gingen. | ... |

In Rimini schlief ich gewiss ruhiger, als der mächtige Julius nach seinem Übergange und dem geworfenen Würfel geschlafen haben mag. Vor der Stadt sind einige herrliche Aussichten. Auf dem Platze *della Fontana* steht der heilige *Gaudentius* von Bronze, der eine gar stattliche Figur macht. Auch ein Papst Paul, ich weiß nicht welcher, hat hier ein Monument für eine Wasserleitung, die er den Bürgern von Rimini bauen ließ. Eine Wasserleitung halte ich überall für eins der wichtigsten Werke und für eine der größten Wohltaten; und hier in Italien ist es doppelt so. Wenn ein Papst eine recht schöne wohltätige Wasserleitung bauet, kann man ihm fast vergeben, dass er Papst ist.[14]

Ich machte der traurigen Dame zu Loretto meinen Besuch, ließ auch meinen Knotenstock von dem Sakristan mit zur Weihe durch das Allerheiligste tragen, beguckte etwas die Votiven und die gewaltig vielen Beichtstühle, ließ mir für einige Paoli ein halbes Dutzend hochgeweihte Rosenkränze anhängen, um einige gläubige Sünderinnen in meinem Vaterlande damit zu beglückseligen, und wandelte durch die Apenninen getrost der Tiber zu. Freilich gab es auch hier keinen Mangel an Mordgeschichten, und in einigen Schluchten der Berge waren die Arme und Beine der Hingerichteten häufig genug hier und da zum Denkmal und zur schrecklichsten Warnung an den Ulmen aufgehängt: aber ich habe die Gabe zuweilen etwas dümmer und ärmer zu scheinen, als ich doch wirklich bin; und so bin ich dann glücklich auf dem Kapitol angelangt.[15]

Zu Abend traf ich im Wirtshause (in Terracina) ein Paar ziemlich reiche Mailänder, die mit schöner Equipage von Neapel kamen, und wir aßen zusammen. Die Herren waren ganz verblüfft zu hören, dass ich von Leipzig nach Agrigent tornistern wollte, bloß um an dem südlichen Ufer Siziliens etwas herumzuschlendern und etwa junge Mandeln und ganz frische Apfelsinen dort zu essen. Die Unterhaltung war sehr lebhaft und angenehm, und die Norditaliener scheinen die schöne Neapel *quovis modo*, literärisch, ästhetisch und physisch genossen zu haben. Morgen gehts ins Reich hinüber; denn so nennt man hier das Neapolitanische. |...|

Dieses ist also das schöne, reiche, selige Kampanien, das man, seitdem es so bekannt ist, zum Paradiese erhoben hat, für das die römischen Soldaten ihr Kapitol vergessen wollten. Es ist wahr, der Strich zwischen Aversa, Kapua,

Kaserta, Nola und Neapel, zwischen dem Vesuv, dem Gaurus und den hohen Apenninen, oder das sogenannte Kampanertal, ist von allem was ich in der alten und neuen Welt bis jetzt noch gesehen habe der schönste Platz, wo die Natur alle ihre Gaben bis zur höchsten Verschwendung ausgegossen hat. Jeder Fußtritt trieft von Segen. Du pflanzest einen Baum, und er wächst in kurzer Zeit schwelgerisch breit und hoch empor; Du hängst einen Weinstock daran und er wird stark wie ein Stamm, und seine Reben laufen weitausgreifend durch die Krone der Ulme; der Ölbaum steht mit bescheidener Schönheit an dem Abhange der schützenden Berge; die Feige schwillt üppig unter dem großen Blatte am gesegneten Aste; gegenüber glüht im sonnigen Tale die Orange, und unter dem Obstwalde wallt der Weizen, nickt die Bohne, in reicher lieblicher Mischung. Der Arbeiter erntet dreifach auf dem nämlichen Boden in Fülle, Obst und Wein und Weizen; und alles ist üppige, ewig jugendliche Kraft. Unter diesen magischen Abwechselungen kamen wir in einigen Stunden in Parthenope an. |...|

Wir gingen auf dem Rücken des Posilippo nach Neapel. Diese Promenade musst Du durchaus machen, wenn Du einmal hierher kommst; sie ist eine der schönsten, die man in der herrlichen Gegend suchen kann. Lange Zeit hat man die beiden Meerbusen von Neapel und Bajä rechts und links im Gesicht, genießt sodann die schöne Übersicht auf die Partie jenseit des Berges nach Puzzuoli, welche die Neapolitaner mit ihrer verkehrten Zunge nur Kianura oder die Ebene nennen. Man kommt nach ungefähr vier Millien des herrlichsten Weges in der Gegend von Virgils Grabe wieder herunter auf die Straße. Der Spaziergang ist freilich etwas wild, aber desto schöner. |...|

Um die schönste Aussicht zu haben, musst Du zu den

Kamaldulensern steigen. Die Herren sind in der Revolution etwas dezimiert worden, haben aber den Verlust nicht schwer empfunden. Man geht durch die Vorstadt Fraskati und einige Dörfer immer bergauf und verliert sich in etwas wilde Gegenden. Weil man nicht hinauffahren kann, wird die Partie nicht von sehr vielen gemacht. Wir verirrten uns, mein Genuese und ich, in den Feigengärten und Kastanienwäldern, und ich musste dem alten Kerl noch mit meiner Topographie im Orientieren helfen. Das ärgerte mich gar nicht; denn wir trafen in der wilden Gegend einige recht hübsche Partien nach allen Seiten. Es gab Stellen, wo man bis nach Kajeta hinüber sehen konnte. Da wir uns verspätet hatten, mussten wir in einem Dorfe am Abhange des Berges zum Frühstück einkehren und einen zweiten Boten mitnehmen. Dieser brachte uns auf einem der schönsten Wege an dem Berge über den Agnano hin in das Kloster. Es ist dort nichts zu genießen als die Aussicht; die Kirche hat nichts merkwürdiges. Ein Laienbruder führte mich mit vieler Höflichkeit durch alle ihre Herrlichkeiten, und endlich an eine ausspringende Felsenspitze des Gartens unter einige perennierende Eichen, die vielleicht der schönste Punkt in ganz Italien ist. Von Neapel sieht man zwar nicht viel, weil es fast ganz hinter dem Posilippo liegt; nur der hohe Teil von Elmo, Belvedere und einige andere Stückchen sind sichtbar. Aber rundumher liegt das ganze schöne magische klassische Land unter Einem Blick. Portici, das auf der Lava der Stadt des Herkules steht, der sich emportürmende Vesuv mit dem Somma, Torre del Greco, Pompeji, Stabiä, Surrent, Massa, Kapri, der ganze Posilippo, Nisida, Ischia, Procida, der ganze Meerbusen von Bajä mit den Trümmern der Gegend, Misene, die Thermen des Nero, der Lukriner See und hinter ihm versteckt der Avernus, die Solfatara, bei heiterm Wetter die

Berge von Kumä, der Gaurus und weiterhin die beschnei-
ten Apenninen; unten der Agnano mit der Hundsgrotte,
deren Eingang nur ein hervorspringender Hügel bedeckt;
der neue Berg hinter der Solfatara; alte und neue Berge,
ausgebrannte und brennende Vulkane, alte und neue Städ-
te, Elysium und die Hölle: – alles dieses fassest Du mit
Deinem Auge, ehe Du hier eine Zeile liesest. Tief, tief in
der Ferne sieht man noch Ponza und einige kleinere Inseln.
Da haben die Mönche wieder das beste gewählt. Freund,
wenn Du einmal hörst, dass ich unbegreiflich verschwun-
den bin, so bringe mit unter Deine Mutmaßungen, dass ich
vielleicht der schönsten Natur zu Ehren die größte Sottise
gemacht habe, und hier unter den Anachoreten hause. Hier
den Homer und Virgil, den Thucydides und etwas von
der attischen Biene, abwechselnd mit Aristophanes, Lucian
und Juvenal; so könnte man wohl in den Kastanienwäldern
leben und das Bisschen Vernunft bei sich behalten: denn
diese wird jetzt doch überall wieder konterband. Also gehe
zu den Kamaldulensern, wenn Du auch nicht in Versu-
chung bist, bei ihnen oben zu bleiben.[16]

Überall warnte man mich vor bösen Wegen (auf Sizilien)
und vorzüglich hier in Alikata, wo man sagte, dass die acht-
zehn Millien von hier nach Terra Nuova die schlimmsten
in der ganzen Insel wären. *Sono cattive gente*, hieß es; und
cattive war der ewige Euphemismus, wenn sie zur Ehre
ihres Landes nicht Räuber und Banditen sagen wollten.
Hier hat mich wahrscheinlich nur meine armselige Figur
gerettet. Ich wandelte gutes Mutes am Strande hin, las
Muscheln und murmelte ein Liedchen von Anakreon,
machte mit meinen Gedanken tausend Circumherum-
schweife und blieb bei der schönen Idee stehen, dass ich
hier nun vermutlich in die geloischen Felder käme: da sah

ich von weitem drei Reiter und zwar zu Pferde auf mich zu trottieren. Die Erscheinung eines Maulesels oder Esels ist mir in Sizilien immer lieber als eines Pferdes. Mir ward etwas unreimisch, und ich nahm mir vor, so ernsthaft als möglich vor ihnen vorbeizugehen. Das litten sie aber nicht, ob sie es gleich auch mit ziemlichem Ernst taten. Sie waren alle drei mit Flinten bewaffnet; der Dolch versteht sich von selbst. Ich grüßte nicht ganz ohne Argwohn. Man rief mir Halt! und da ich tat, als ob ich es nicht gleich verstanden hätte, ritt einer mit Vehemenz auf mich zu, fasste mich beim Kragen und riss mich so heftig herum, dass das Schisma noch an meinem Rocke zu sehen ist. Wer seid Ihr? – Ein Reisender. – Wo wollt Ihr hin? – Nach Syrakus. – Warum reitet Ihr nicht? – Es ist mir zu teuer; ich habe nicht Geld genug dazu. – Einer meiner Freunde in Rom hat mich in dem barocken Aufzuge gezeichnet, den ich damals machte, damit ich, wie er mir sagte, doch sagen könnte, ich habe mich in Rom malen lassen. Ich schicke Dir die Zeichnung zur Erbauung, und Du wirst hier wenigstens meine Eitelkeit nicht beschuldigen, dass sie sich ins beste Licht gesetzt hat. Man riss meinen Sack auf und fand darin freilich keine Herrlichkeiten: ein Hemde, zwei Bücher, ein Stück hartes Brot, ein Stückchen noch härteren Käse und einige Orangen. Man besah mich aufmerksam von der Ferse bis zum Scheitel. – Ihr habt also kein Geld zum Reiten? – Ich kann so viel nicht bezahlen. – Meine Figur und der Inhalt meines Sackes schienen ihnen hierüber ein gleichlautendes Dokument zu sein. Man nahm das weiße Buch, in welches ich einige Bemerkungen geschrieben hatte, um die Reminiszenzen zu erhalten; man fragte, was es wäre, und durchblätterte es neugierig, und Einer, der etwas Ansehen über die beiden Andern zu haben schien, machte Miene es einzustecken. Ich sagte etwas betroffen: Aber das ist mein Tagebuch mit einigen Reisebemerkungen für meine Freunde. Der Mensch betrachtete mich in meiner Verlegenheit, besann sich einige Augenblicke, gab mir das Buch zurück und sagte zu dem Andern: Gib ihm Wein! Dieses hielt ich, und wohl mit Recht, für das Zeichen der Hospitalität und der Sicherheit. Ob ich gleich nicht lange vorher reichlich aus einem kleinen Felsenbache getrunken hatte, so machte ich doch keine Umstände der ehrenvollen Gesellschaft Bescheid zu tun, so gut ich konnte, und trank aus der dargereichten engen Flasche. Diese Flaschen mit sehr engen Mündungen sind, wie Du vielleicht schon weißt, hier für das warme Klima sehr diätetisch eingerichtet. Man ist durchaus genötigt sehr langsam zu trinken, weil man doch nicht mehr schlucken kann, als herausläuft. Nun fragte man mich dieses und jenes, worauf ich so unbefangen als möglich antwortete. – An wen seid Ihr in Syrakus empfohlen? – An den Ritter Landolina. – Den kenne ich; sagte Einer. – Ihr seid also arm und wollt den Giro machen, und geht zu Fuße? Ich bejahte das. Nun fragte man mich: Versteht Ihr das Spiel? Ich hatte die Frage nicht einmal recht verstanden: da ich aber, außer ein wenig Schach, durchaus gar kein Spiel verstehe, konnte ich mit gutem Gewissen Nein antworten. Diese Frage ist mir vorher und nachher in Sizilien oft getan worden, und die Erkundigung ist, ob man etwas vom Lotto verstehe, welches auch hier, Dank sei es der schlechten Regierung, eine allgemeine Seuche ist. Das gemeine Volk steht hier noch oft in dem Wahn, der Fremde als ein gescheiter Kerl müsse sogleich ausrechnen oder auszaubern können, welche Nummern gewinnen werden. Man wünschte mir gute Reise und ritt fort. Was war nun von den Leuten zu halten?[17]

Wo fange ich an? Wo höre ich auf? Wenn man in Syrakus nicht weit von der Arethuse sitzt und einem Freunde im Vaterlande schreibt, so stürmen die Gegenstände auf den Geist: vergib mir also ein Bisschen Unordnung. | ... |

Ich lief also hinaus an den Hafen, nämlich den großen, oder an den Meerbusen; denn der kleinere auf der andern Seite nach den Steinbrüchen zu hat jetzt nichts merkwürdiges mehr; so viel auch Agathokles Marmor daran verschwendet haben soll. Ich ging gerade fort über den Anapus, weit hinüber über das Olympeum, und wäre vielleicht bis an die andere Abteilung des Berges hinunter gegangen, wenn der Tag nicht schon zu tief gewesen wäre. Ich bin doch schon ziemlich weit gegen Süden gewandelt; denn, wenn ich nicht irre, so segelte in den punischen Kriegen der Römer Otacilius von hier aus nach Afrika, machte große Beute in Utika, und war den dritten Abend wieder zurück. Ob Syrakus oder Lilybäum der Ort war, von dem er ausfuhr, darüber wird Dir Dein Livius Bescheid geben: wer kann alles behalten? Du siehst doch, dass ich, wenn ich sonst nur ein echter Weidmann wäre, in einigen Tagen die Jagdpartie des frommen Aeneas und der Frau Dido mitmachen könnte. | ... |

Auf dem Rückwege setzte ich mich ein Viertelstündchen an die zwei Säulen, die für die Überreste von dem Tempel des Jupiter Olympius gelten. Es versteht sich, dass die Tempel des Göttervaters meistens auch eine schöne Aussicht gewähren; hier ist sie herrlich. Indem ich sie genoss, setzte ich mich in die Zeit zurück, wo Dionysius eben so willkürlich den Haushofmeister der Olympier als den Zuchtmeister der Sterblichen machte. | ... | Als ich wieder über den Anapus herüber war, dachte ich gerade nach Neapolis heraufzuschneiden und so einen etwas andern Weg zurückzunehmen. Die Sonne stand noch nicht ganz am Rande, ich sah alles vor mir und dachte den Gang noch recht bequem zu machen. Aber o Syraka! Syraka! An solchen Orten sollte man durchaus mit der Karte in der Hand gehen. Ehe ich mirs versah, war ich im Sumpfe; ich dachte es zu zwingen und kam immer tiefer hinein: ich dachte nun rechts umzukehren, um keinen zu großen Umweg zu machen; und da fiel ich denn einige Mal bis an den Gürtel in noch etwas schlimmeres als Wasser. Es ward Abend, und ich fürchtete man möchte das Tor schließen, wo man denn ebenso unerbittlich ist, als in Hamburg. Endlich arbeitete ich mich doch mit vielem Schweiß in einem nicht gar erbaulichen Aufzug wieder auf den Weg, und kam so eben vor Torschluss herein. |...|

Jetzt sitze ich hier (in Syrakus) und lese den Theokrit in seiner Vaterstadt. Ich wollte Du wärest bei mir und wir könnten das Vergnügen teilen, so würde es größer werden. |...| Ich las nun darin an der Arethuse. Der Ideengang hat etwas magisches. – Sei nur ruhig; ich habe jetzt zu viel Vergnügen dabei und meine Stiefelsohlen sind noch ganz; Du sollst hier mit keiner Übersetzung geplagt werden.

Auch heute komme ich von einem Spaziergang mit Landolina zurück. Wir waren nur in der Nähe, in der alten Neapolis, die aber wirklich das Interessanteste der alten Überreste enthält. |...| Wir gingen zu den Latomien und zwar zu dem berüchtigten Ohre des Dionysius. Akustisch genug ist es ausgehauen und man hat ihm nicht ohne Grund diesen Namen gegeben. Ein Blättchen Papier, das man am Eingange zerreißt, macht ein betäubendes Geräusch, und wenn man stark in die Hand klatscht, gibt es einen Knall wie einen Büchsenschuss, nur etwas dumpfer. Wir wandelten durch die ganze Tiefe, und darin hin und her. Landolina zeigte mir vorzüglich die Art, wie es ausgehauen war, die ich Dir aber als Laie nicht mechanisch genau beschreiben kann. Man hob sich von unten hinauf auf Gerüsten, wovon man noch die Vertiefungen in dem Felsen sieht, und erhielt dadurch eine Höhlung von einem etwas schneckenförmigen Gang, der ihm wohl vorzüglich die lange Dauer gesichert hat. Bei Neapel habe ich, wenn ich nicht irre, etwas ähnliches in den Steingruben des Posilippo bemerkt. Nirgends ist aber die Methode so vollendet ausgearbeitet, wie hier in diesem Orte. Ob Dionysius dasselbe habe hauen lassen, ließe sich noch bezweifeln, obgleich Cicero der Meinung zu sein scheint; aber dass er es zu einem Gefängnisse habe einrichten lassen, hat wohl seine Richtigkeit. Cicero nennt es einen schrecklichen Kerker. Hin und wieder sieht man noch Ringe in dem Felsen, in der Höhe und an dem Boden, und auch einige durchgebrochene Höhlungen, in denen Ringe gewesen sein mögen. Diese gelten für Maschinen die Gefangenen anzuschließen. Wer kann darüber etwas bestimmen? Oben am Eingange ist das Kämmerchen, welches ehemals für das Lauscheplätzchen des Dionysius galt. Es gehört jetzt viel Maschinerie dazu, von unten hinauf oder von oben herab dahin zu kommen. Ich bin also nicht darin gewesen. Landolina erklärt das Ganze für eine Fabel | ... |.

In dem Vorhofe des sogenannten Ohres treiben jetzt die Seiler ihr Wesen, und vor demselben sind die Intervallen der Felsenklüfte mit kleinen Gärten, vorzüglich von Feigenbäumen, romantisch durchpflanzt. Weiter hin ist ein anderer Steinbruch, der einer wahren Feerei gleicht. Er ist von einer ziemlichen Tiefe, durchaus nicht zugänglich, als nur durch einen einzigen Eingang nach der Stadtseite, den der Besitzer hat verschließen lassen. Von oben kann man das ganze kleine magische Etablissement übersehen, das aus den niedlichsten Partien von inländischen und ausländischen Bäumen und Blumen bestehet. Die Pflaumen standen eben jetzt in der schönsten Blüte, und ich war überrascht hier den vaterländischen Baum zu finden, den ich fast in ganz Sizilien nicht weiter gesehen habe. Er braucht hier in dem heißeren Himmelsstrich den Schatten der Tiefe. |...|

In dem heutigen Syrakus oder dem alten Inselchen Ortygia ist jetzt nichts merkwürdiges mehr, als der alte Minerventempel und die Arethuse. Diese Quelle ist, wenn man auch mit keiner Silbe an die alte Fabel denkt, bis heute noch eine der schönsten und sonderbarsten, die es vielleicht gibt. Wenn sie auch nicht vom Alpheus kommt, so kommt sie doch gewiss von dem festen Boden der Insel; und schon dieser Gang ist wundersam genug. |...| Sie quillt zuweilen rot, nimmt zuweilen ab und bleibt zuweilen ganz weg, dass man trocken tief in die Höhle hineingehen kann; und dieses zu einer Zeit, wo sie nach den gewöhnlichen physischen Wetterberechnungen stärker quellen sollte: sie vertreibt die Sommersprossen, welches selbst Landolina zu glauben schien. Durch diese Gabe muss die Nymphe notwendig schon die Göttin der Damen werden. Ähnliche Erscheinungen will man an dem Alpheus bemerkt haben. Nun kamen die Griechen von dort herüber, und brachten ihre Mythen und ihre Liebe zu denselben mit sich auf die Insel; so war die Fabel gemacht: das Andenken des vaterländischen Flusses war ihnen willkommen. Die neueste Veränderung mit der Quelle findet man, deucht mir, noch in Barthels zum Nachtrage in einem Briefe, der höchst wahrscheinlich auch von Landolina ist. Seitdem ist das Wasser süß geblieben, heißt es. Ich fand eine Menge Wäscherinnen an der reichen; schönen Quelle. Das Wasser ist gewöhnlich rein und hell, aber nicht mehr, wie ehemals, ungewöhnlich schön. Ich stieg so tief als möglich hinunter und schöpfte mit der hohlen Hand:

man kann zwar das Wasser trinken, aber süß kann man es wohl kaum nennen; es schmeckt noch immer etwas brackisch, wie das meiste Wasser der Brunnen in Holland. Die Vermischung mit dem Meere muss also durch die neueste Veränderung noch nicht gänzlich wieder gehoben sein. Alles Wasser auf der kleinen Insel hat die nämliche Beschaffenheit, und gehört wahrscheinlich durchaus zu der nämlichen Quelle. In der Kirche Sankt Philippi ist eine alte tiefe, tiefe Gruft mit einer ziemlich bequemen Wendeltreppe hinab, wo unten Wasser von der nämlichen Beschaffenheit ist; nur fand ich es noch etwas salziger: das mag vielleicht von der großen Tiefe und dem beständig verschlossenen Raum herkommen. Landolina hält es für das alte Lustralwasser, welches man oft in griechischen Tempeln fand. Sehr möglich; es lässt sich gegen die Vermutung nichts sagen. Aber kann es nicht ebensowohl ein gewöhnlicher Brunnen zum öffentlichen Gebrauch gewesen sein? |...|

Als ich hier in der Kirche saß, die eben ausgebessert wird, und den Schlüssel zur erwähnten Gruft erwartete, gesellte sich ein neapolitanischer Offizier zu mir, der ein Franzose von Geburt und schon über zwanzig Jahre in hiesigen Diensten war. Er sprach recht gut deutsch und hatte ehemals mehrere Reisen durch verschiedene Länder von Europa gemacht. Wenn man diesen Mann von der Regierung und der Kirchendisziplin sprechen hörte; man hätte Feuer vom Himmel zur Vertilgung der Schande flehen mögen. Alles bestätigte seine Erzählung, und bösartige Unzufriedenheit und Murrsinn schien nicht in dem Charakter des Mannes zu liegen. Vorzüglich war die Unzucht der römischen Kirche, nach seiner Aussage, ein Greuel, wie man ihn in dem weggeworfensten Heidentum nicht schlimmer finden konnte. Blutschande aller Art ist in der Gegend gar nichts ungewöhnliches und wird mit einem kleinen Ablassgelde nicht allein abgebüßt, sondern auch ungestraft fortgesetzt. Der Beichtstuhl ist ein Kuppelplatz, wo sich der Klerus für eine gemessene, oft kleine Belohnung sehr leicht zum Unterhändler hergibt, wenn er nicht selbst Teilnehmer ist. Wer profane Schwierigkeiten in seiner Liebschaft findet, wendet sich an einen Mönch oder sonstigen Geistlichen, und die ehrsamste, sprödeste Person wird bald gefällig gemacht. Der Mann sprach davon dem Altar gegenüber wie von gewöhnlichen Dingen, die jedermann wisse, und nannte mir mit großer Freimütigkeit zu seinen Behauptungen Namen und Beispiele, die ich gern wieder vergessen habe. Ich erzähle die Tatsache, und überlasse Dir die Glossen. | ... |

Eine drollige Anekdote darf ich Dir noch mitteilen, welche die gelehrten Späher und Seher betrifft, und die mir der besten einer unter ihnen, Landolina selbst, mit vieler Jovialität erzählte, als wir nach einem Spaziergange in dem alten griechischen Theater saßen und ausruhten. Landolina machte mit einer fremden Gesellschaft, von welcher er einen unserer Landsleute, ich glaube den Baron von Hildesheim, nannte, eine ähnliche Wanderung. Hier entstand nun ein Zwist über eine Vertiefung in dem Felsen, die ein jeder nach seiner Weise interpretierte. Einige hielten sie für das Grab eines Kindes irgendeiner alten vornehmen Familie, und brachten Beweise, die vielleicht ebenso problematisch waren, wie die Sache, welche sie beweisen sollten. Man sprach und stritt her und hin. Das bemerkte ein alter Bauer nicht weit davon, dass man über dieses Loch sprach. Er kam näher und erkundigte sich und hörte, wovon die Rede war. Das kann ich Ihnen leicht erklären, hob er an; vor ungefähr zwanzig Jahren habe ich es selbst gehauen, um meine Schweine daraus zu füttern: da ich

nun seit mehrern Jahren keine Schweine mehr habe, fütte-
re ich keine mehr daraus. Die Archäologen lachten über
die bündige Erklärung, ohne welche sie unstreitig noch
lange sehr gelehrt darüber gesprochen und vielleicht sogar
geschrieben hätten. | ... |

Syrakus kommt immer mehr und mehr in Verfall; die
Regierung scheint sich durchaus um nichts zu bekümmern. Nur zuweilen schickt sie ihre Steuerrevisoren, um
die Abgaben mit Strenge einzutreiben. Es war mir eine
sehr melancholische Viertelstunde, als ich mit Landolina
oben auf der Felsenspitze von Euryalus saß, der würdige
patriotisch eifernde Mann über das große traurige Feld
seiner Vaterstadt hinblickte, das kaum noch Trümmer war,
und sagte: Das waren wir! und mit einen Blick hinunter
auf das kleine Häufchen Häuser: Das sind wir! Ich habe
während der vier Tage Umgang mit ihm in ihm einen der
reinsten und liebenswürdigsten Charakter gefunden, und
er sprach mit schönem Enthusiasmus von seinen nordischen Freunden Münter und Barthels und einigen andern,
die ihn besucht hatten, und von Heyne, den er noch nicht
gesehen hatte. Syrakus allein hatte ehemals mehr Einwoh-
ner, als jetzt die ganze Insel. Nur der dritte Teil der Insel
ist bebaut, und dieser ziemlich schlecht. Das habe ich auf
meinen Zügen gefunden, und Eingeborne, die zugleich
Kenner sind, bestätigen es durchaus. Ehemals schickte man
bei der großen Bevölkerung Korn nach Rom, und die
Insel wurde für ein Magazin der Hauptstadt der Welt gehalten. Neulich ist man genötiget gewesen, Getreide aus
der Levante kommen zu lassen, damit die wenigen ärm-
lichen südlichen Küstenbewohner nicht Hunger litten.
Kann man eine bessere Philippika auf die Regierung und
den Minister in Neapel schreiben? Man gibt der physischen Verschlimmerung des Landes durch die Erdrevolu-

tionen vieles Schuld: aber die Berge sind noch alle fruchtbar bis fast an die Spitzen. Wenn man die Gipfel der Riesen, des Aetna, des Eryx, des Taurus und einige Felsenpar-
tien ausnimmt, könnte von allen gewonnen werden, wenn
man Arbeit daran wagen wollte. Die Jumarren, diese ver-
schrienen Gegenden, geben reichlich, wenn man fleißig
ist. Sizilien ist ein Land des Fleißes, der Arbeit und der
Ausdauer. Man will jetzt aber nur da bauen, wo man fast
nicht nötig hat zu arbeiten. Es sind freilich wenig große
Striche hier, die so schwelgerisch fruchtbar wären wie das
Kampanertal: aber es könnte viel schönes Paradies geschaffen werden.[18]

Hier (in Nikolosi, vor dem Aufstieg auf den Aetna) trieben wir nun, die fünf Briten und Dein Freund, unser Wesen sehr erbaulich. Die Engländer hatten den Wirt vom
goldenen Löwen aus Katanien mitgebracht; ich trat zur
Gesellschaft, man schaffte mir ein Bett so gut als möglich,
und wir legten uns nieder und schliefen nicht viel. Die
Herren erzählten ihre Abenteuer, militärische und ga-
lante, von der Themse und vom Nil; und bald traf die
Kritik einen General, bald ein Mädchen. Vorzüglich war
der Gegenstand ihrer Reminiszenzen eine gewisse origi-
nelle Trompetersfrau, die sie nach allen kernigen Prädika-
menten zur Königin ihres Lagers in Ägypten erhoben.
Gegen Mitternacht kamen die Führer, und nun setzte sich
die ganze Karawane zu Maulesel; sechs *Signori Forestieri*,
zwei Führer mit Laternen und ein Proviantträger. Es war,
wenn ich nicht irre, den sechsten April zu Mitternacht,
oder den siebenten des Morgens. Den vorigen Tag war es
trübes Wetter gewesen, hatte den Abend ziemlich stark ge-
regnet, hellte sich aber auf, so wie wir aus dem Wirtshause
zogen. Wir gingen bei meinem Mönche in Sankt *Nicolas*

del bosco ove della rena vorbei. Es war frisch und ward bald kalt, und dann sehr kalt. Wir trottierten und lärmten uns warm. Dann deklamierte der Major Grays Kirchhof, dann sangen wir *God save the King*, und Händel, und *Britannia, rule de waves*, und andere englisch-patriotische Sachen. Jeder gab seinen Schnack. *We are already pretty high*, sagte der Eine: *it is a bitter nipping cold*, der Andere, *Methinks, I hear the dogstar bark, and Mars meets Venus in the dark*; fuhr ein Dritter fort. *Is that not smoke there?* fragte ein subalterner Myops; *I believe I see already old Nick smoking his pipe. But, my dear*, sagte der Major, *You are purblind upon your starboard eye; it is an oaktree.* So war es; das gab Gelächter, und wir ritten weiter. Bald kamen wir aus der bebauten Region in die waldige, und gingen nun unter den Eichen immer bergauf. Ungefähr um ein Uhr kamen wir in der Gegend der Geißhöhle an, die aber jetzt außer Gebrauch kommt. Der Fürst von Paterno hat dort ein Haus gebauet, wo die Fremden eintreten und sich bei einem Feuer wärmen können. Das Haus ist schlecht genug, und ein deutscher Dorfschulze würde sich schämen, es nicht besser gemacht zu haben. Indessen ist es doch besser als nichts, und vermutlich bequemer als die Höhle. Hier blieben wir eine kleine Halbestunde, bestiegen wieder unsere Maultiere und ritten nunmehr aus der waldigen Region in den Schnee hinein. Ungefähr eine Viertelstunde über dem Hause und der Höhle hörte die Vegetation ganz auf und der Schnee fing an hoch zu werden, der schon um das Haus her und hier und da neu und alt lag. Wir mussten nun absteigen und unsere Maultiere hier lassen. Der Schnee ward bald sehr hoch und das Steigen sehr beschwerlich. Unsere Führer rieten uns nur langsam zu gehen, und sie hatten Recht: aber die Herren ruhten zu oft absatzweise, und darin hatten diese nicht Recht. *Methinks I smell the morning air,* sagte der Major, und fuhr ganz drollig fort, als ein junger Lieutenant durch den hohlen Schnee auf ein Lavastück fiel und über den Fuß klagte: *Alack, what dangers do inviron the man meddles with cold iron!* Die Kälte des Morgens ward schneidend und die Engländer, die wohl in Ägypten und Malta eine solche Partie nicht gemacht hatten, schüttelten sich wie die Matrosen. Endlich erreichten wir den Steinhaufen des so genannten Philosophenturms, und die Sonne tauchte eben glühend über die Berge von Kalabrien herauf und vergoldete was wir von der Meerenge sehen konnten, die ganze See und den Taurus zu unsern Füßen. Ganz rein war die Luft nicht, aber ohne Wolken; desto magischer war die Szene. Hinter uns lag noch alles in Nacht, und vor uns tanzten hier und da Nebelgestalten auf dem Ozean. Wer kann hier beschreiben? Nimm Deinen Benda, und lass auf silbernem Flügel dem Mädchen auf Naxos die Sonne aufgehen: und wenn Du nicht Etwas von unserm Vergnügen hast, so kann Dir kein Gott helfen. So ging uns Titan auf; aber wir standen über einem werdenden Gewitter: es konnte uns nicht erreichen. Einer der Herren lief wehklagend und hoch aufschreiend um die Trümmer herum; denn er hatte die Finger erfroren. Wir halfen mit Schnee und rieben und wuschen, und arbeiteten uns endlich zu dem Gipfel des Berges hinauf. Mir deucht, man müsste bis zum Philosophenturm reiten können; bis dahin ist es nicht zu sehr jäh: aber die Kälte verbietet es; wenigstens möchte ich eben deswegen ohne große Verwahrung nicht von der Kavalkade sein. Von hier aus kann man nicht mehr gehen; man muss steigen, und zuweilen klettern, und zuweilen klimmen. Es scheint nur noch eine Viertelstunde bis zur höchsten Spitze zu sein, aber es ist wohl noch ein Stückchen Arbeit. Die Briten letzten sich mit Rum, und da ich von diesem Nektar nichts genießen kann, aß ich von Zeit zu Zeit eine Apfelsine aus der Tasche. Sie waren ziemlich gefroren; aber ich habe nie so etwas köstliches genossen. Als ich keine Apfelsinen mehr hatte, denn der Appetit war stark, stillte ich den Durst mit Schnee, arbeitete immer vorwärts, und war zur Ehre der deutschen Nation der Erste an dem obersten Felsenrande der großen ungeheuern Schlucht, in welcher der Krater liegt. Einer der Führer kam nach mir, dann der Major, dann der zweite Führer, dann die ganze kleine Karawane bis auf den Herrn mit den erfrorenen Fingern. Hier standen und saßen und lagen wir, halb in dem Qualm des aufsteigenden Rauchdampfes eingehüllt, und keiner sprach ein Wort, und jeder staunte in den furchtbaren Schlund hinab, aus welchem es in dunkeln und weißlichen Wolken dumpf und wütend herauftobte. – Endlich sagte der Major, indem er sich mit einem tiefen Atemzuge Luft machte: *Now it is indeed worth a young man's while to mount and see it; for such a sight is not to be met with in the parks of old England.* Mehr kannst Du von einem echten Briten nicht erwarten, dessen patriotische Seele ihren Gefährten mit Rostbeef und Porter ambrosisch bewirtet.

Die Schlucht, ungefähr eine kleine Stunde im Umfange, lag vor uns, wir standen alle auf einer ziemlich schmalen Felsenwand, und bückten uns über eine steile Kluft von vielleicht sechszig bis siebenzig Klaftern hinaus und in dieselbe hinein. Einige legten sich nieder, um sich auf der grausen Höhe vor Schwindel zu sichern. In dieser Schlucht lag tief der Krater, der seine Stürme aus dem Abgrunde nach der entgegengesetzten Seite hinüber warf. Der Wind kam von der Morgensonne und wir standen noch ziemlich sicher vor dem Dampfe; nur dass hier und da etwas durch die Felsenspalten heraufdrang. Rundherum ist keine Möglichkeit, vor den ungeheuern senkrechten Lavablöcken, bis hinunter ganz nahe an den Rand des eigentlichen Schlundes zu kommen. Bloß von der Seite von Taormina, wo eine sehr große Vertiefung ausgeht, muss man hineinsteigen können, wenn man Zeit und Mut genug hat, die Gefahr zu bestehen: denn eine kleine Veränderung des Windes kann tödlich werden, und man erstickt wie Plinius. Übrigens würde man wohl unten am Rande weiter nichts sehen können. Hätte ich drei Tage Zeit und einen entschlossenen, der Gegend ganz kundigen Führer, so wollte ich mir wohl die Ehre erwerben unten gewesen zu sein, wenn es der Wind erlaubte. Man müsste aber mit viel größerer Schwierigkeit von Taormina hinaufsteigen.

Nachdem wir uns von unserm ersten Hinstaunen etwas erholt hatten, sahen wir nun auch rundumher. Die Sonne stand nicht mehr so tief, und es war auch auf der übrigen Insel schon ziemlich hell. Wir sahen das ganze große, schöne, herrliche Eiland unter uns, vor uns liegen, wenigstens den schönsten Teil desselben. Alles was um den Berg herum liegt, das ganze Tal Enna, bis nach Palagonia und Lentini, mit allen Städten und Flecken und Flüssen, war wie in magischen Duft gewebt. Vorzüglich reizend zog sich der Simäthus aus den Bergen durch die schöne Fläche lang hinab in das Meer, und man übersah mit Einem Blick seinen ganzen Lauf. Tiefer hin lag der See Lentini und glänzte wie ein Zauberspiegel durch die elektrische Luft. Die Folge wird zeigen, dass die Luft nicht sehr rein, aber vielleicht nur desto schöner für unsern Morgen war. Man sah hinunter bis nach Augusta und in die Gegend von Syrakus. Aber die Schwäche meiner Augen und die Dünste des Himmels, der doch fast unbewölkt war, hinderten mich weiter zu sehen. Messina habe ich nicht gesehen: und mir deucht, man kann es auch von hier nicht sehen: es liegt zu tief landeinwärts an der Meerenge und die Berge müssen es decken. Palermo kann man durchaus nicht sehen, sondern nur die Berge umher. Von den Liparen sahen wir nur etwas durch die Wölkchen. Nachdem wir rund umher genug hinabgeschaut hatten, und das erste Staunen sich etwas zur Ruhe setzte, sagte der Major nach englischer Sitte: *Now be sure, we needs must give a shout at the top down the gulf;* und so stimmten wir denn drei Mal ein mächtiges Freudengeschrei an, dass die Höhlen der furchtbaren Riesen widerhallten, und die Führer uns warnten, wir möchten durch unsere Ruchlosigkeit nicht die Teufel unten wecken. Sie nannten den Schlund nur mit etwas verändertem Mythus: *la casa del diavolo* und das Echo in den Klüften *la sua risposta.*

Der Umfang des kleinen tief unten liegenden Kessels mag ungefähr eine kleine Viertelstunde sein. Es kochte und brauste; und wütete und tobte und stürmte unaufhörlich aus ihm herauf. Einen zweiten Krater habe ich nicht gesehen; der dicke Rauch müsste vielleicht ganz seinen Eingang decken, oder dieser zweite Schlund müsste auf der andern Seite der Felsen liegen, zu der wir wegen des Windes, der den Dampf dorthin trieb, nicht kommen konnten. Auch hier waren wir nicht ganz vom Rauche frei; die rote Uniform der Engländer mit den goldenen Achselbändern war ganz schwarzgrau geworden; mein blauer Rock hatte seine Farbe nicht merklich geändert.

Ich hatte mich bisher im Aufsteigen immer mit Schnee gelabt; aber hier am Rande auf der Spitze war er bitter salzig und konnte nicht genossen werden. Nicht weit vom Rande lag ein Auswurf von verschiedenen Farben, den ich für toten Schwefel hielt. Er war heiß und wir konnten unsere Füße darin wärmen. Wir setzten uns an eine Felsenwand, und sahen auf die zauberische Gegend unter uns, vorzüglich nach Katanien und Paterno hinab. Die *Monti rossi* bei Nikolosi glichen fast Maulwurfshügeln, und die ganze große ausgestorbene Familie des alten lebendigen Vaters lag rundumher. Nur er selbst wirkte mit ewigem Feuer in furchtbarer Jugendkraft. Welche ungeheuere Werkstatt muss er haben! Der letzte große Ausbruch war fast drei deutsche Meilen vom Gipfel hinab bei Nikolosi. Wenn er wieder durchbrechen sollte, fürchte ich für die Seite von Taormina, wo nun die Erdschicht am dünnsten zu sein scheint. Die Luft war trotz dem Feuer des Vulkans und der Sonne doch sehr kalt, und wir stiegen wieder herab. Unser Herabsteigen war vielleicht noch belohnender als der Aufenthalt auf dem obersten Gipfel. Bis zum Philosophenturm war viel Behutsamkeit nötig. Hier war nun der Proviantträger angekommen, und wir hielten unser Frühstück. Die Engländer griffen zur Rumflasche, und ich hielt mich zum gebratenen Huhn und dann zum Schnee. Brot und Braten waren ziemlich hart gefroren, aber der heiße Hunger taute es bald auf. Indem wir aßen, genossen wir das schönste Schauspiel, das vielleicht das Auge des Menschen genießen kann. Der Himmel war fast ganz hell, und nur hinter uns über dem Simäthus hingen einige kleine lichte Wölkchen. Die Sonne stand schon ziemlich hoch an der Küste Kalabriens; die See war glänzend. Da zeigten sich zuerst hier und da einige kleine Fleckchen auf dem Meere links vor Taormina, die fast wie Inselchen aussahen. Unsere Führer sagten uns sogleich was folgen würde. Die Flecken wurden zusehends größer, bildeten flockige Nebelwolken und breiteten sich aus und flossen zusammen. Keine morganische Fee kann eine solche Farbenglut und solchen Wechsel haben, als die Nebel von Moment zu Moment annahmen. Es schoss in die Höhe und glich einem Walde mit den dichtesten Bäumen von den sonderbarsten Gestalten, war hier gedrängter und dunkler, dort dünner und heller, und die Sonne schien in einem noch ziemlich kleinen Winkel auf das Gewebe hinab, das schnell die ganze nördliche Küste deckte und das wir hier tief unter uns sahen. Der Glutstrom fing an die Schluchten der Berge zu füllen, und hinter uns lag das Tal Enna mit seiner ganzen Schönheit in einem unnennbaren Halblichte, so dass wir nur noch den See von Lentini als ein helles Fleckchen sahen. Dieses alles und die Bildung des himmlischen Gemäldes an der Nordostseite, war das Werk einer kleinen Viertelstunde. Ich werde eine so geschmückte Szene wahrscheinlich in meinem Leben nicht wieder sehen. Sie ist nur hier zu treffen, und auch hier sehr selten; die Führer priesen uns und sogar sich selbst deswegen glücklich. Wir brachen auf, um, womöglich, unten dem Regen zu entgehen: in einigen Minuten sahen wir nichts mehr von dem Gipfel des Berges; alles war in undurchdringlichen Nebel gehüllt, und wir selbst schossen auf der Bahn, die wir im Hinaufsteigen langsam gemacht hatten, pfeilschnell herab. Ohne den Schnee hätten wir es nicht so sicher gekonnt. Nach einer halben Stunde hatten wir die Blitze links, immer noch unter uns. Der Nebel hellte sich wieder auf, oder vielmehr wir traten aus demselben heraus, das Gewitter zog neben uns her nach Katanien zu, und wir kamen in weniger als der Hälfte Zeit wieder in das Haus am Ende der Waldregion, wo wir uns an das Feuer setzten; nämlich diejenigen, die es wagen durften. Die Engländer hatten zu dieser Bergreise eine eigene Vorkehrung getroffen. Weiß der Himmel, wer sie ihnen mochte geraten haben: die meinige war besser. Sie kamen in Nikolosi in Stiefeln an, setzten sich aber dort in Schuhe, und über diese Schuhe zogen sie die dicksten wollenen Strümpfe, die man sich denken kann, und die sie sogar, wie sie mir sagten, schon in Holland zu diesem Behufe gekauft hatten. Der Aufzug ließ sonderbar genug; sie sahen mit den großen Aetnastöcken von unten auf alle ziemlich aus, wie samogetische Bärenführer. Ich ging in meinem gewöhnlichen Reisezeug, mit gewöhnlichen baumwollenen Strümpfen in meinen festen Stiefeln. Schon hinaufwärts waren einige holländische Strümpfe zerrissen; herabwärts ging es über die Schuhe und die Unterstrümpfe. Einige liefen auf den Zehen, die sie denn natürlich erfroren hatten. Meine Warnung, langsam und fest ohne abzusetzen fortzugehen, hatte nichts geholfen. Mir fehlte nicht das Geringste. Vorzüglich hatte Einer der jungen Herren die Unvorsichtigkeit gehabt, sich mit warmem Wasser zu waschen und an das Feuer zu setzen. In einigen Minuten jauchzte er vor Schmerz, wie Homers verwundeter Kriegsgott, und hat den Denkzettel mitgenommen. Vermutlich wird er in Katanien oder noch in Malta zu kurieren haben. Du kannst sehen, welcher auffallende Kontrast hier in einer kleinen Entfernung in der Gegend ist; unten bei Katanien raufte man reifen Flachs, und die Gerste stand hoch in Ähren; und hier oben erfror man Hände und Füße. Nun ritten wir noch immer mit dem Gewitter durch die Waldregion nach Nikolosi hinab, wo wir eine herrliche Mahlzeit fanden, die der Wirt aus dem goldenen Löwen in Katanien kontraktmäßig angeschafft hatte. Wir nahmen Abschied; die Engländer ritten zurück nach Katanien, und ich meines Weges hierher nach Taormina.

Es ist vielleicht in ganz Europa keine Gegend mit so vielfältigen Schönheiten, als die Umgebung dieses Berges. | … | Man hat in der Insel das Sprichwort vom Aetna: *On le voit toujours le chapeau blanc et la pipe à la bouche.* − Der Schnee soll nie ganz schmelzen; das ist in einem so sehr südlichen Klima viel. Man nennt ihn in Sizilien meistens, wie bekannt, nur *Monte Gibello*: aber man nennt ihn auch noch sehr oft Aetna, oder den Berg von Sizilien oder geradezu vorzugsweise den Berg.[19]

Hier (in Paestum) dachte ich mir *Schillers* Mädchen aus der Fremde; aber weder die Geberin noch die Gaben waren in dem zerstörten Paradiese. Ich suchte, jetzt in der Rosenzeit, Rosen in Pästum für Dich, um Dir ein klassisch sentimentales Geschenk mitzubringen; aber da kann ein Seher keine Rose finden. In der ganzen Gegend rundumher, versicherte mich einer von den Leuten des Monsignore, ist kein Rosenstock mehr. Ich durchschaute und durchsuchte selbst alles, auch den Garten des gnädigen Herrn; aber die Barbaren hatten keine einzige Rose. Darüber geriet ich in hohen Eifer und donnerte über das Piakulum an der heiligen Natur. Der Wirt, mein Führer, sagte mir, vor sechs Jahren wären noch einige da gewesen; aber die Fremden hätten sie vollends alle weggerissen. Das war nun eine erbärmliche Entschuldigung. Ich machte ihm begreiflich, dass die Rosen von Pästum ehedem als die schönsten der Erde berühmt gewesen, dass er sie nicht musste abreißen lassen, dass er nachpflanzen sollte, dass es sein Vorteil sein würde, dass jeder Fremde gern etwas für eine pästische Rose bezahlte; dass ich, zum Beispiel, selbst jetzt wohl einen Piaster gäbe, wenn ich nur eine einzige erhalten könnte. Das letzte besonders leuchtete dem Manne ein; um die schöne Natur schien er sich nicht zu bekümmern: dazu ist die dortige Menschheit zu tief gesunken. Er versprach darauf zu denken, und ich habe vielleicht das Verdienst, dass man künftig in Pästum wieder Rosen findet: wenigstens will ich hiermit alle bitten, die nämlichen Erinnerungen eindringlich zu wiederholen, bis es fruchtet.

Eine Abhandlung über die Tempel erwarte nicht. Ich setzte mich an einem Rest von Altar hin, der in einem derselben noch zu finden ist, und ruhte eine Viertelstunde unter meinen Freunden, den Griechen. Wenn einer ihrer Geister zurückkäme und mich Hyperboreer unter den letzten Trümmern seiner Vaterstadt sähe![20]

Ich habe die Gewohnheit, beständig vorauszulaufen, wo ich kann. Zwischen Gensano und Aricia ist eine schöne Waldgegend, durch welche die Straße geht. Oben am Berge bat der Postillon, wir möchten aussteigen, weil er vermutlich den Hemmschuh einlegen wollte, und am Wagen etwas zu hämmern hatte. Der Offizier blieb bei seinen Depeschen am Wagen, und ich schlenderte leicht und unbefangen den Berg hinunter in den Wald hinein, und dachte, wie ich Freund Reinhart in Aricia überraschen würde, der jetzt daselbst sein wollte. Ungefähr sieben Minuten mochte ich so fortgewandelt sein, da stürzten links aus dem Gebüsche vier Kerle auf mich zu. Ihre Botschaft erklärte sich sogleich. Einer fasste mich bei der Krause, und setzte mir den Dolch an die Kehle; der andere am Arm, und setzte mir den Dolch auf die Brust; die beiden übrigen blieben dispositionsmäßig in einer kleinen Entfernung mit aufgezogenen Karabinern. In der Bestürzung sagte ich halb unwillkürlich auf Deutsch zu ihnen: Ei so nehmt denn in Teufels Namen alles, was ich habe! Da machte einer eine doppelt grässliche Pantomime mit Gesicht und Dolch, um mir zu verstehen zu geben, man würde stoßen und schießen, sobald ich noch eine Silbe spräche. Ich schwieg also. In Eile nahmen sie mir nun die Börse und etwas kleines Geld aus den Westentaschen, welches beides zusammen sich vielleicht auf sieben Piaster belief. Nun zogen sie mich mit der vehementesten Gewalt nach dem Gebüsche, und die Karabiner suchten mir durch richtige Schwenkung Willigkeit einzuflößen. Ich machte mich bloß so schwer als möglich, da weiter tätigen Widerstand zu tun der gewisse Tod gewesen wäre: man zerriss mir in der Anstrengung Weste und Hemd. Vermutlich wollte man mich dort im Busche gemächlich durchsuchen und ausziehen, und dann mit mir tun, was man für gut finden würde. Sind die Herren sicher, so lassen sie das Opfer laufen; sind sie das nicht, so geben sie einen Schuss oder Stich, und die Toten sprechen nicht. In diesem kritischen Momente, denn das Ganze dauerte vielleicht kaum eine Minute, hörte man den Wagen von oben herabrollen und auch Stimmen von unten: sie ließen mich also los, und nahmen die Flucht in den Wald. Ich ging etwas verblüfft meinen Weg fort, ohne jemand zu erwarten. Die Uhr saß, wie in Sizilien, tief, und das Taschenbuch stak unter dem Arme in einem Rocksacke: beides wurde also in der Geschwindigkeit nicht gefunden. Die Kerle sahen grässlich aus, wie ihr Handwerk; keiner war, nach meiner Taxe, unter zwanzig, und keiner über dreißig. Sie hatten sich gemalt, und trugen falsche Bärte; ein Beweis, dass sie aus der Gegend waren, und Entdeckung fürchteten. | ... |

Hier in Rom brachte man mir die tröstliche Nachricht, dass zwei von den Schurken, die mich in dem Walde geplündert hätten, erwischt wären, und dass ich vielleicht noch das Vergnügen haben würde, sie hängen zu sehen. Dawider habe ich weiter nichts, als dass es bei der jetzigen ungeheuern Unordnung der Dinge sehr wenig helfen wird.[21]

Nun erlaube mir noch, Dir fragmentarisch etwas über meinen Gang durch Italien im Allgemeinen zu sagen. Du hast aus meiner Erzählung gesehen, dass es jetzt wirklich traurig dort aussieht; vielleicht trauriger als es je war. | ... |

Das ganze Königreich Neapel ist in der traurigsten Verfassung. Ein Kourier, der von Messina über Rheggio nach Neapel gehen soll, hält den Weg immer für gefährlicher als einen Feldzug. Der Offizier, mit dem ich nach Rom reis'te, war schon sechzehnmal geplündert worden, und dankte es nur seiner völligen Resignation, dass er noch lebte. Ich könnte sprechen, sagte er, aber dann dürfte ich keine Reise mehr machen, oder ich wäre auf der ersten ein Mann des Todes. Alle Greuel, die wir von Paris während der Revolution gehört haben, sind noch Menschlichkeit gegen das, was Neapel aufzuweisen hat. Was die Demokraten in Paris einfach taten, haben die royalistischen Lazaronen und Kalabresen in Neapel zehnfach abscheulich sublimiert. Man hat im eigentlichen Sinne die Menschen lebendig gebraten, Stücken abgeschnitten und ihre Freunde gezwungen davon zu essen; der andern schändlichen Abscheulichkeiten nicht zu erwähnen. Ein wahrhafter, durchaus rechtlicher Mann sagte mir, man sei mit einer Tasche voll abgeschnittener eingesalzener Nasen und Ohren zu ihm gekommen, habe aufgezählt, wer die Eigentümer derselben gewesen, und er habe seine ganze Standhaftigkeit und Klugheit nötig gehabt, nicht zu viel Missbilligung zu zeigen, damit er nicht selbst unter die Opfer geriete. |...| In Kalabrien soll jetzt allgemeine Anarchie sein. Das ist begreiflich. Bildung ist nicht, und das Bisschen Christentum ist, so wie es dort ist, mehr ein Fluch der Menschheit. Die Franzosen kamen und setzten in Revolution; die Halbwilden trauten und wurden verraten. |...| In Sizilien treibt das Feudalsystem in den grässlichsten Gestalten das Unheil fort: und obgleich mehr als die Hälfte der Insel wüste liegt, so würde doch kein Baron einen Fuß Land anders als nach den strengsten Lehnsgesetzen bearbeiten lassen. Die Folgen sind klar. |...|

In Rom arbeitet man mit allen Kräften an der Wiederherstellung aller Zweige der Hierarchie und des Feudalsystems: Gerechtigkeit und Polizei werden schon folgen, so weit sie sich nämlich mit beiden vertragen können. Die Mönche glänzen von Fett, und segnen ihren Heiland Bonaparte. Das Volk hungert und stirbt, oder flucht und raubt, nachdem es mehr Energie oder mehr fromme Eselsgeduld hat. Es wird schon besser werden, so viel es das System leidet.

In Hetrurien weiß man sich vor Erstaunen über alle die Veränderungen zu Hause und auswärts noch nicht zu fassen. Die Meisten, da die Menschen nun doch einmal beherrscht sein müssen, wünschen sich wieder das sanfte östreichische Joch, wie es unter Leopold war. Die Vernünftigern klagen leise oder auch wohl laut über die Anmaßlichkeit des römischen Hofes und die Schwachheit der Regierung; und die hitzigen Polypragmatiker hoffen auf eine Veränderung diesseits der Berge.

Die italische Republik windet sich, trotz den Eigenmächtigkeiten und Malversationen der Franzosen ihrer Herren Nachbarn, nach und nach aus der tausendjährigen Lethargie. Hier war an einigen Orten viel vorgearbeitet: aber auch das alte Päpstliche erholt sich und wird etwas humaner. Das Päpstliche diesseits der Apenninen scheint indessen nie so tief gesunken zu sein, als in der Nähe des Heiligtums. Weit von dem Segen war immer etwas besseres Gedeihen. Alles liegt hier noch im Werden und in der Krise. | ... |

In Ansehung des Physischen ist ein Gang von Triest nach Syrakus und zurück an den Zürcher See, wenn er auch nur flüchtig ist, mit vielen angenehmen Erscheinungen verbunden. Auf der Insel ist das lieblichste Gemisch des Reichtums aller Naturprodukte, so viel man ohne

Anstrengung gewinnen kann; Orangen aller Art, Palmen, Karuben, Öl, Feigen, indische und gemeine, Kastanien, Wein, Weizen, Reis. Bei Neapel werden die indischen Feigen, die Karuben und Palmen schon selten; diesseits der Pontinen die Orangen; diesseits der Apenninen Öl und Feigen. Die südliche Seite des Berges, von Florenz aus, hat noch die herrlichsten Ölpflanzungen; beim Herabsteigen nach Bologna findet man sie nicht mehr: alles sind Kastanienwälder. In der Lombardei ist der Trieb üppig an Wein und Getreide; aber alles ist schon mehr nördlich. Ein einziger Weinstock macht noch keine große Laube, und auf einem einzigen Maulbeerbaume hingen zuweilen sechs Mädchen, welche Blätter pflückten: aber ein Ölbaum ist schon eine Seltenheit. Die südlichen Seiten der Alpenberge geben durch ihre Lage hier und da noch Früchte des wärmeren Erdstrichs, und am Lago maggiore hat man noch Orangengärten, Olivenpflanzungen und sogar, obgleich nur spärlich, indische Feigen. Am Ticino herauf trifft man noch Kastanien die Menge und sehr schöne und große Bäume, und bis Ayrolles wächst gutes Getreide. Dann hört nach und nach die Vegetation auf. An der Reuß diesseits kann man weit tiefer herabgehen, ehe sie wieder anfängt. Sankt Ursel liegt vielleicht tiefer als Ayrolles und man hat dort nichts von Getreide. Kastanien trifft man auf dieser Seite nicht mehr oder nur höchst selten, und der Nussbaum nimmt ihre Stelle ein. Weiter herab ist alles vaterländisch.[22]

Von den Merkwürdigkeiten in Paris darf ich nicht wieder anfangen, wenn ich kein Buch schreiben will; und dazu habe ich weder Lust, noch Zeit, noch Kenntnis. Die bunte Szene wandelt sich alle Tage und ist alle Tage interessant. Bloß der Garten der Tuilerien mit den elysäischen Feldern, welcher die Hauptpromenade der Pariser in dieser Gegend ausmacht, gewährt täglich eine unendliche Verschiedenheit. Die Pressfreiheit ist hier verhältnismäßig eingeschränkter als in Wien, und ich bin fest überzeugt, wenn der Tartuffe jetzt erschiene, man würde ihn eben sowohl verdammen, als damals; und Moliere könnte wieder sagen: *Monsieur le président ne veut pas, qu'on le joue.* Die Dekaden sind durch das Konkordat und der Einführung der römischen Religion notwendig geradezu wieder abgeschafft; sie heben einander auf. Auch rechnet man in Paris fast überall wieder nach dem alten Kalender und zählt nach Wochen. Die öffentlichen Verhandlungen werden bald folgen. Die Fasten werden in den Provinzen in Frankreich hier und da strenger gehalten als selbst in Italien. In Italien konnte ich fast überall essen nach Belieben; in Dijon musste ich einigemal, sogar an der Wirtstafel, zur Fasten mit der Gesellschaft Froschragout essen: es war kein anderes Fleisch da. Mir war es einerlei, ich esse gern Frösche; aber diese Mahlzeit ist doch sonst nicht jedermanns Sache. So ging mirs noch mehrere Mal auf der Reise. In Paris nimmt man freilich noch keine Notiz davon; aber man tat es auch ehemals nicht. Die alten Namen der Örter und Gassen treten nach und nach alle wieder ein, und eine republikanische Karte von der Stadt ist fast gar nicht mehr zu brauchen.[23]

Wenn ich zwischen Rom und Paris eine Vergleichung ziehen soll, so fällt sie in Rücksicht der Literatur und des Lebensgenusses allerdings für Paris, aber in Rücksicht der Kunst immer noch für Rom aus. Du darfst nur das neueste sehr treue Gemälde von Rom lesen, um zu sehen, wie viel für Humanität und Umgang dort zu haben ist; für Wissenschaft ist fast nichts mehr. Alte Geschichte und alles was sich darauf bezieht, ist das einzige, was man dort an

Ort und Stelle gründlich und geschmackvoll studieren kann. In Paris sind die öffentlichen vortrefflichen Büchersammlungen für jedermann, und es gehört sogar zum guten Ton, wenigstens zuweilen eine Promenade durch die Säle zu machen, die Fächer zu besehen, die Raritätenkasten zu begucken und einige Kupferstiche zu beschauen. Wer sie benutzen will, findet in allen Zweigen Reichtümer; und alles wird mit Gefälligkeit gereicht. In Rom wurde die vatikanische Bibliothek, so lange ich dort war, nicht geöffnet. Die Schätze schlafen in Italien, und es ist vielleicht kein Unglück, dass sie etwas geweckt und zu wandern gezwungen worden sind.

Mit der Kunst ist es anders. Wäre ich Künstler und hätte die Wahl zwischen Rom und Paris, ich würde mich keine Minute besinnen und für das erste entscheiden. Die Franzosen hatten allerdings vorher eine hübsche Sammlung, und haben nun die Hauptwerke der Kunst herüber geschafft: aber dadurch haben sie Rom den Vorteil noch nicht abgewonnen. In Gemälden mag vielleicht kein Ort der Welt sein, der reicher wäre als Paris; aber die ersten Meisterwerke der größten Künstler, die lauter Freskostücke sind, konnten doch nicht weggeschafft werden. Die Logen, die Stanzen, die Kapelle, die Farnesine, Grottaferrata und andere Orte, wo Michel Angelo, Raphael, die Caracci, Domenichino und andere den ganzen Reichtum ihres Geistes niedergelegt haben, mussten unangetastet bleiben, wenn man nicht vandalisch zerstören wollte. Die Schule von Athen allein gilt mehr als eine ganze Galerie. Die venezianischen Pferde, welche vor dem Hofe der Tuilerien aufgestellt sind, mögen sehr schöne Arbeit sein; aber mir gefallen die meisten Statüen in Italien besser. Die Rasse der Pferde ist nicht sehr edel. Ich zweifle, ob sie unter den Pferdekennern so viel Lärm machen werden, als sie unter den Künstlern oder vielmehr unter den Antiquaren gemacht haben. Das Pferd des Mark Aurel auf dem Kapitol ist mir weit mehr wert, und die beiden Marmorpferde aus Herkulanum in Portici würde ich auch vorziehen. Der einzige Vorzug, den sie haben, ist, dass sie vielleicht die einzigen alten Tethrippen sind, die wir noch übrig haben: und auch dazu fehlt ihnen noch viel. Schlecht sind sie nicht und man sieht sie immer mit Vergnügen; aber für die schöne Arbeit sollten es schönere Pferde sein. Man hat ihnen die gallischen Hähne zu Wächtern gegeben. Gegen das Kapitol haben diese nicht nötig zu krähen, wie die Gänse gegen die Gallier schrien; wenn sie nur sonst die wichtigste Weckstunde nicht vorbei lassen.

Die Franzosen haben übrigens nur öffentliche Sammlungen, die vatikanische und kapitolinische, in Kontribution gesetzt. Es ist kein Privateigentum angegriffen worden. Die Privatsammlungen machen aber in Rom vielleicht den größten Teil aus. In der Villa Borghese steht alles wie es war; und der Fechter und der Silen mit dem Bacchus sind Werke, die an klassischem Wert in Paris ihres Gleichen suchen. Die schönsten Basreliefs sind noch in Rom in dem Garten Borghese und auf dem Kapitol und sonst hier und da. Sarkophagen, freilich sehr untergeordnete Kunstwerke, und Badegefäße sind in Rom noch in großer Menge von ausgesuchter Schönheit: in Paris sind von den letztern nur zwei ärmliche Stücke, die man in Rom kaum aufstellen würde. Übrigens ist die Gegend um Rom selbst mehr eine Wiege der Kunst. Die Natur hat ihren Zauber hingegossen, den man nicht wegtragen kann. Man hat zwar die Namen Fraskati und Tivoli nach Paris gebracht und alles schön genug eingerichtet: aber Fraskati und Tivoli selbst werden für den Maler dort bleiben, wenn man auch alles umher zerstört. Der Fall, die Grotte, die Kaskadellen und die magischen Berge können nicht verrückt werden, und stehen noch jetzt, wie vor zweitausend Jahren, mit dem ganzen Zauber des Altertums. Das Haus des Mäcen verfällt, wie die Häuser des Flakkus und Katullus: man zieht keine Musen mehr aus ihrem Schutt hervor: aber die Gegend hat noch tausend Reizungen ohne sie. Man hat in Paris keinen Albaner See, kein Subiaco, kein Terni in der Nähe. Der Gelehrte gehe nach Paris; der Künstler wird zur Vollendung immer noch nach Rom gehen, wenn er gleich für sein Fach auch hier an der Seine jetzt zehnmal mehr findet als vorher. Sobald die Franzosen Raphaele und Bonarotti haben werden, sind sie die Koryphäen der Kunst, und man wird zu ihnen wallfahren, wie ins Vatikan.[24]

Meine Ronde ist nun vollendet und ich bin wieder bei unsern väterlichen Laren an der Pleiße. |...| Meiner guten alten Mutter in Posern bei Weißenfels war meine Erscheinung überraschend. Man hatte ihr den Vorfall mit den Banditen schon erzählt, und Du kannst glauben, dass sie meinetwegen etwas besorgt war, da sie als orthodoxe Anhängerin Luthers überhaupt nicht die beste Meinung von dem Papst und seinen Anordnungen hat. |...|

Morgen gehe ich nach Grimme und Hohenstädt, und da will ich ausruhen trotz Epikurs Göttern. Mir deucht, dass ich nun einige Wochen ehrlich lungern kann. Wer in neun Monaten meistens zu Fuße eine solche Wanderung macht, schützt sich noch einige Jahre vor dem Podagra. Zum Lobe meines Schuhmachers, des mannhaften alten Heerdegen in Leipzig, muss ich Dir noch sagen, dass ich in den nämlichen Stiefeln ausgegangen und zurückgekommen bin, ohne neue Schuhe ansetzen zu lassen, und dass diese noch das Ansehen haben, in baulichem Wesen noch eine solche Wanderung mitzumachen.[25]

5.

DIE AUSFLUCHT IN DEN NORDEN
IM SOMMER 1805

Lieber Leser!

Ich war Willens, über meine jetzige Ausflucht in den Norden nichts zu sagen. Als ich nach Sicilien ging, fühlte ich in mir selbst das Bedürfnis, meinen Zeitgenossen ein kleines Denkmal meines Seins und Wirkens zu geben. Das hatte ich getan und war zufrieden; der Drang war gestillt. Schreibsucht ist, wie alle meine Freunde bezeugen können, nicht meine Krankheit. Mehrere wackeren Männer aber, die ich nennen könnte, haben mich aufgefordert, über meine letzte Reise ihnen meine Bemerkungen nach meiner Weise mitzuteilen; das habe ich denn getan. Ich setzte mich hin und nahm das Wesentliche aus meinem Taschenbuche; und das Ganze war fertig. Für Leute, welche Alles wissen, habe ich nicht geschrieben; eben so wenig als für Leute, welche nichts wissen: für die Ersten wäre es viel zu viel, für die Letzten viel zu wenig. | ... |

Diesmal habe ich nur den kleinsten Teil zu Fuße gemacht; ungefähr nur hundert und funfzig Meilen. Lieber wäre es mir und besser gewesen, wenn meine Zeit mir erlaubt hätte, das Ganze abzuwandeln. Wer geht, sieht im Durchschnitt anthropologisch und kosmisch mehr, als wer fährt. Überfeine und unfeine Leute mögen ihre Glossen darüber machen nach Belieben; es ist mir ziemlich gleichgültig. Ich halte den Gang für das Ehrenvollste und Selbstständigste in dem Manne, und bin der Meinung, dass Alles besser gehen würde, wenn man mehr ginge. Man kann fast überall bloß deswegen nicht recht auf die Beine kommen und auf den Beinen bleiben, weil man zu viel fährt. Wer zu viel in dem Wagen sitzt, mit dem kann es nicht ordentlich gehen. Das Gefühl dieser Wahrheit scheint unaustilgbar zu sein. Wenn die Maschine stecken bleibt, sagt man doch noch immer, als ob man recht sehr tätig dabei wäre: Es will nicht gehen. Wenn der König ohne allen Gebrauch seiner Füße sich in's Feld bewegen lässt, tut man ihm doch die Ehre an und spricht nicht anders als: Er geht zur Armee, er geht mit der Armee: nach der Regel *a potiori*. Sogar wenn eigentlich nicht mehr vom Gange die Rede sein kann, behält man zur Ehrenbezeigung doch immer noch das wichtige Wort bei und sagt: der Admiral geht mit der Flotte und sucht den Feind auf; und wo die Hoffnung aufhört, spricht man: es will nicht mehr gehen. Wo Alles zu viel fährt, geht Alles sehr schlecht, man sehe sich nur um! So wie man im Wagen sitzt, hat man sich sogleich einige Grade von der ursprünglichen Humanität entfernt. Man kann Niemand mehr fest und rein in's Angesicht sehen, wie man soll; man tut notwendig zu viel, oder zu wenig. Fahren zeigt Ohnmacht, Gehen Kraft. Schon deswegen wünschte ich nur selten zu fahren, und weil ich aus dem Wagen keinem Armen so bequem und freundlich einen Groschen geben kann. Wenn ich nicht mehr zuweilen einem Armen einen Groschen geben kann, so lasse mich das Schicksal nicht länger mehr leben!

Ich war Willens, hier eine kleine Abhandlung über den Vorteil und die beste Methode des Fußwandelns zu geben, wozu ich vielleicht ein Recht, so gut als irgend ein Anderer erworben habe; aber meine Seele ist jetzt zu voll von Dingen, die ihr billig wichtiger sind.

Wenn man mir vorwirft, dass dieses Buch zu politisch ist, so ist meine Antwort, dass ich glaube, jedes gute Buch müsse näher oder entfernter politisch sein. Ein Buch, das dieses nicht ist, ist sehr überdrüssig oder gar schlecht. Wenn man das Gegenteil sagt, so hat man seine − nicht guten Ursachen dazu. Politisch ist, was zu dem allgemeinen Wohl etwas beiträgt oder beitragen soll: *quod bonum publicum promovet*. Was dieses nicht tut, ist eben nicht politisch. Man hat dieses Wort sehr entstellt, verwirrt und herabgewürdigt, oder es auch, nicht sehr ehrlich, in einen eigenen Nebel einzuhüllen gesucht, wo es dem ehrlichen, schlichten Manne wie eine gespensterähnliche Schreckgestalt erscheinen soll. Meistenteils gelingt es leider sehr gut.

Wo das Denken gänzlich aufhört, haben die Spitzköpfe eben so sehr gewonnen, als wo das Verkehrtdenken anfängt. Der Mensch braucht durchaus nichts als sich selbst, um Wahrheit zu sehen, nichts als seine eigene Kraft, um ihr zu folgen, und nur seinen eigenen Mut, um dadurch so viel Glückseligkeit zu erlangen, als seine Natur ihm gewähren kann. Ich habe nicht vorgegriffen, sondern gewissenhaft Alles gegeben, wie es damals war, und wie ich darüber dachte. Wenige werden vielleicht hier etwas Neues finden; aber gewiss Viele sich selbst; und ich bin so stolz, diese für gut zu halten. Hunderttausende denken wie ich; aber Niemand hat vielleicht die Pflicht oder die Gelegenheit es öffentlich zu sagen. Wenn man mich nach meinem Berufe dazu fragt, so ist die Antwort: ich bin ein Mensch, ein freier Mann, glaube vernünftig zu sein und will allen meinen Mitbrüdern ohne Ausschluss gleich wohl. Dessen bin ich mir so innig und fest und wohltätig bewusst, dass ich dafür mein Haupt ohne Reue auf den Block legen würde, wenn es nötig wäre. Stürmen will ich nicht; aber offen sagen, wo ich glaube, dass die Krankheit liegt.[26]

Meine Reise ist bis jetzt gut gegangen. Von meinen literarischen, statistischen, kosmologischen und ästhetischen
Reisebemerkungen erwarte nur nicht viel! Ich weiß nicht,
ob die Ursache in mir oder außer mir liegt; aber es kommt
mir vor, als ob von Dan bis Berseba Alles eitel, wüste und
leer sei. Im Ernst glaube ich, dass jetzt eine Reise durch
Polen mit Ehren für einen nicht kleinen Feldzug gelten
kann. Die Bequemlichkeiten für Reisende haben, besonders seit der letzten Staatsveränderung oder Staatsvernich-
tung, noch beträchtlich abgenommen. Das scheint vielleicht unmöglich zu sein, aber es ist doch wahr. Ich kann
die Vergleichung sehr wohl ziehen, da ich ehemals das
Land unter Stanislaus Poniatowsky in verschiedenen Rich-
tungen verschiedene Male durchreist bin. Besonders ist der
Strich von Wartenberg bis Warschau, Petrikau und Rawa
ausgenommen, bis zum Mitleid ärmlich und schmutzig,
bei Christen wie bei Juden: bei den ersten womöglich
noch mehr. Im eigentlichen Verstande ohne alle Über-
treibung ist in den meisten polnischen Häusern auf dem
Lande, und nicht selten auch in den Städten, der Mist das
reinlichste Fleckchen, wo man noch ohne Ekel stehen
kann. Warschau und hier und da einzelne Örtchen machen noch einige Ausnahmen. Nachdem wir einige Sta-
tionen gehungert und gehofft hatten, versprach man uns
endlich in Wielky einen Tee auf der Post. Da brachte man
denn einen alten, zerdrückten, schmutzigen kupfernen
Topf, der seit der Revolution ohne Säuberung eine Zigeu-
nermenage enthalten zu haben schien und das Ansehen
hatte, als ob er bei Gelegenheit unseres Tees mit aus-
gekocht würde. Es gehörte unser huronischer Appetit und
die Öde rund umher dazu, um die Tunke trinkbar zu
machen. | ... | Ein solches Quodlibet Hogarthischer Figu-
ren und Gruppen sieht man wohl selten so reich als auf

einem polnischen Jahrmarkt. | ... | Nimm nur meine Personalität selbst, wie ich mir endlich den sechs Tage langen Bart abnehmen lassen musste! Als Scherer erschien ein alter, langer, hagerer, geisterähnlicher Israelit, mit einem Bart bis zum Gurt und einem gewaltigen Streichriemen am Talar. Der Mann sah aus wie der Prophet Elisa in Hübner's biblischen Historien; aber seine Seife roch wie ein Extrakt des ganzen Tales Gehenna. Ich saß auf einem dreibeinigen, wankenden Lehnstuhle ohne Lehne, ein großer, gigantischer Finne hielt das Licht, Waspan, der Sarmate, machte mir die Konversation, und die grämliche Donna des Hauses schlich durch das Zimmer und brummte, dass man sie in ihrer alten, gemütlichen Indolenz gestört habe.

Es wäre schwer zu bestimmen, ob die Verwaisung in dem Preußischen oder Russischen größer sei. Das Land ist übrigens nicht arm, sondern nur elend und jämmerlich. Die Leute haben Beutel voll Gold, aber liegen fast im Kothe und haben nicht die gewöhnlichsten Lebensbedürfnisse, ohne die sich gewiss ein Leipziger Stadtsoldat totschießen würde. Vorgestern konnten wir in einem stattlichen Dorfe von fast hundert Häusern, das wohl ein Dutzend Fenster und sogar einige Schornsteine hatte, und wo das Wasser gelb und lehmig war, keinen Tropfen Bier finden. In einem andern hatte man das Bier mit Pflaumen und Branntwein sublimiert und eine stygisch-köstliche Tunke daraus gemacht.

Ich hatte wohl ehemals in der Kirchengeschichte von allerhand Taufen und unter Anderm auch wohl von der Korntaufe gehört; aber hier hatte ich zum ersten Mal Gelegenheit, sie zu Ostern zu sehen. Man ging mit einem großen Gefäß voll heiligen Wassers auf den Äckern hinunter und befeuchtete damit die junge Saat und steckte von Zeit zu Zeit etwas in die Erde, das, wie ich hernach hörte, geweihte hölzerne Kreuzchen waren, und murmelte dabei seine Formeln. Wenn nur der Acker gut bearbeitet ist und gutes Wetter folgt, so wird wenigstens die gottselige Operation nichts schaden. Überall hielt man öffentlich gar lächerliche Osterfarcen, vorzüglich in Petrikau.

In Warschau hielt ich meinen Einzug den siebzehnten April, den nämlichen Abend, wo ich vor eilf Jahren abwechselnd hier und da unter dem Kartätschenfeuer stand. Es waren zwei heiße Tage, der blutige grüne Donnerstag und der Karfreitag. Ich fand mein ganzes Tabernakel noch ebenso in Trümmern als damals am heiligen Ostertage. Es war noch kein Stein wieder gelegt, und man schien sich in dem Anblick des Monuments der letzten Nationalkraft melancholisch zu gefallen. Der Name Russen und Igelström wurde noch immer von den Vorübergehenden gemurmelt. Unser Speisesaal ist eine Ruine, das Wachthaus eine Wäsche, die Kriegskanzlei eine Schmiede, und mein Zimmer im Hintergebäude des Palastes hängt ohne Treppe in der Schwebe. Die Zeit wird bald kommen, wo ich bloß von Reminiszenzen werde leben müssen; ich stand also an der Torecke, wo wir an dem heißen Tage den Eingang mit blutigen Leichnamen und toten Pferden verrammelt hatten, und durchlief die Verflechtungen meines Schicksals. Dort oben stand mein Bett, dort war das Gesims, auf dem mein Taschenhomer und Musarion lagen; dort arbeitete ich lange Memoiren zu Organisationen, zu denen man vorher weidlich desorganisiert hatte; dort bratete ich mit Strick und Stenbock und Stackelberg meine Kastanien und trank mein Bier, das man nun zum Medium meiner Sehkraft machen will. Ich wiederholte alle Angriffe im Geiste noch einmal und zählte alle bedeuten-

den Kugeln, die mir glücklich nahe am Schädel vorbei-
geflogen waren, und deren Merkmale sich noch in der
Mauer zeigten. Ich gab mir das ganze Trauerspiel noch
einmal.[27]

Von Dorpat aus nahm ich hohen Muts meinen sizilia-
nischen Seehundstornister wieder selbst auf eigene Schultern und pilgerte rüstig an der Embach hinauf, links ab
nach Oberpalen, wo ich schon zu Hause einen Besuch
versprochen hatte. Lieber breche ich mein Bein als mein
Wort; also ging ich nach Oberpalen, und das ward mir sehr
leicht. Die Frühlingssonne schien genialisch warm, ohne
schon zu beschweren; und ich tanzte ganz lustig einige
Lieblingsstellen aus dem Virgil ab. Man fühlt sich nie mehr
in seiner Kraft, als wenn man geht, und so möchte ich einmal ganz abtreten. Es muss kein herrlicheres Ende sein als
der Tod im Gefühl seiner Kraft.

Im roten Kruge sah es ziemlich traurig aus; aber man
erbot sich doch sehr freundlich, mir zu Mittage ein Ochsenauge zu machen; weiter könne man nichts schaffen. Da
ich in der estnischen Küchennomenklatur nicht sehr gelehrt bin, wusste ich durchaus nicht, welche Art von Gericht das sein würde. Indessen, es würde doch wohl etwas
Essbares kommen, dachte ich und bestellte, ohne weiter
zu fragen, frisch darauf los das Ochsenauge. Es erschien,
was man auf Deutsch eine Art von Eierkuchen nennen
möchte, woran ich weit mehr Geschmack fand als an dem
hochberühmten estnischen Bierkäse, den ich nie sehe,
ohne an Käsebier zu denken, wie es auch wohl richtiger
heißen sollte. Noch brachte man mir einen Teller voll
Krebse, und nun war ich froher als an dem Tische des Erz-
bischofs von Agrigent.[28]

Um die neue, sonderbare, mächtige Kapitale (Petersburg) also wirklich sogleich in ihrer größten Pracht zu erblicken, muss man zu Schiffe kommen; und ich kam nicht zu Schiffe. Dafür hatte ich den Vorteil, dass die Stadt bei mir immer gewann, welches bei denen, die vom Schiffe steigen, wohl nicht ganz der Fall sein mag. Städte und Gegenden und Menschen und ihre Pracht anzustaunen, ist eben nicht meine Sache, wie Du weißt! Aber wo ich Großes und Gutes sehe, bleibe ich mit Achtung stehen. Bis zur Bewunderung steigt meine Seele nur selten. Hier habe ich bewundert, wenn ich dachte, dass da, wo Paläste stehen und Monumente, die man kühn unter die größten zählen darf, da, wo sich Menschen drängen und in Glanz und Üppigkeit leben, wo eine kolossalische Macht jetzt ihre Propyläen errichtet hat, dass da vor hundert Jahren nichts war als rund umher eine ungeheure Sumpfgegend mit einigen Fischerhütten. Das ist Größe. Ob auch Güte, ist eine andere Frage. Vielleicht gelingt es Alexander, das Große gut zu machen; dann ist er größer als die Übrigen. Petersburg ist mehr als Berlin und Wien, und ist es in einem Jahrhundert geworden. Der Russe in seinem heißen Patriotismus findet es noch besser als Paris und Rom. Da hat er Recht, aber im Einzelnen, und wird es ganz haben, wenn das Ganze fertig sein wird. | ... | Einzeln ist Petersburg größer, im Ganzen Paris; Rom übertrifft Beide vorzüglich durch die Größe dessen, was es noch aus dem Altertum hat. Es ist Schade, dass der Sommergarten nicht auch von den andern zwei Seiten, denn von den entgegengesetzten schließt ihn der Michailow'sche Palast, gehörig umgeben ist, wenn es auch nicht ganz nach dem großen Maßstabe nach der Newaseite wäre. Der Schlossplatz in Petersburg ist unstreitig der schönste und größte in Europa, trotz seiner Unregelmäßigkeit. Die große Parade auf demselben ist in jeder Rücksicht, an Zahl und Schönheit der Mannschaft und des Aufzugs, besser als die große Parade vor den Tuilerien in Paris, auch in der Haltung. Wenn an der Seine bessere Krieger sind, so beseelt sie bloß ein besserer Geist. Ich habe Beide mit Aufmerksamkeit gesehen und spreche ohne Vorurteil nach Überzeugung. Es hat mir wohlgefallen, wenn der Kaiser Alexander, der schöne, liebenswürdige junge Mann, ohne Furcht und Zwang zur Parade und von der Parade den langen Weg durch die gemischte, dicht gedrängte Volksmenge aller Klassen und Nationen offen und freundlich hinging, ohne dass Jemand einen Erlaubniszettel nötig hatte, ihm so nahe zu sein, als es der öffentliche Anstand erlaubt. Der Schlossplatz hat zwar durch die Anlage der Promenade um die Admiralität herum an Raum beträchtlich verloren, ist aber deswegen immer noch der größte, den ich in irgend einer Stadt kenne, den heiligen Petersplatz nicht ausgenommen. Auch schon diese Anlage allein ist eine Unternehmung, die anderwärts Bewunderung erregen würde. Nur den Grund gehörig auszufüllen, zu ebnen und zu erhöhen, selbst über Kanäle hinweg, eine starke Viertelstunde Weges, war eine Arbeit, die in andern Hauptstädten nicht ohne große Anstrengung geschehen wäre; und ich begreife jetzt noch kaum, woher man eine so große Menge der schönsten, schenkelstarken, jungen Lindenbäume in einem Klima, wie Petersburg, so schnell zusammengebracht hat. Die Stämme sind gegen die Strenge der Witterung alle hoch mit Moos umwickelt, stark gestützt und werden mit großer Sorgfalt behandelt. In einigen Jahren wird der Platz, wenn er so fortgepflegt wird und gedeiht, gewiss einer der schönsten Spaziergänge, die man nur aufzuweisen hat. Wer vor dem Tore der Admiralität als dem besten Punkte zum Orientieren steht und in die drei Hauptperspektiven hinuntersieht, hat allerdings einen Anblick, so groß wie man ihn vielleicht in ganz Europa nicht findet. Die Newskyperspektive ist die größte und schönste. Diese Hauptstraße ist so breit, dass der Kaiser Paul in der Mitte eine schöne Allee von Linden auf erhöhtem Grunde für die Fußgänger angelegt hat, und nun auf jeder Seite können doch noch drei große Wagen bequem neben einander fahren. | ... | Nun sind freilich die Petersburger, nach der Gewohnheit aller patriotischen Enthusiasten, auf diese Schönheiten noch stolzer, als sie wohl Ursache haben. »Ist das nicht das Größte und Prächtigste, was man sich denken kann?« wurde ich gefragt. »Ja,« war meine Antwort, »wenn es fertig sein wird.« Man sah mich an, und ich war genötigt bemerklich zu machen, dass die Ungleichheit und oft barocke Unregelmäßigkeit der Gebäude durchaus noch nicht der Pracht der Anlage entspreche. Man fragte mich, wo denn das zu finden wäre. »Der Toledo in Neapel,« war meine Antwort, »besteht ganz und gar und ganz regelmäßig fast aus lauter solchen Gebäuden, wie hier die schönsten sind, und hat viele noch schöneren. Und die Hafenseite von Messina ist noch in ihren Ruinen so schön und groß als die beste Straße in Petersburg.« Das war freilich ungalant, aber abgeforderte Wahrheit.[29]

Nun entstand ein Zwist in mir, was ich von hier aus mit meinem übrigen Sommer noch machen sollte. Ich wäre gern an dem botnischen Meerbusen hinauf- und oben herumgegangen, um zu Tornea am Ende des Juni das Schauspiel der Sonne um Mitternacht am Himmel zu sehen. Das wäre doch auch noch vielleicht einen Spaziergang auf den Aetna zum Aufgang der Sonne dort oben wert gewesen. Aber es war mir zu früh im Jahre; ich hätte zu zeitig von der Newa Abschied nehmen müssen; und vor Allem, ich hätte den Abstecher nach Moskau zu meinen Freunden nicht machen können. Nun waren mir meine lebendigen Freunde in Moskau doch lieber als die Sonne um Mitternacht in Tornea. Das wird mir schon die liebe Sonne zu gut halten; ich kann ihr vielleicht noch ein ander Mal meine Achtung dort bezeigen. Ich packte also so viel, als ich nötig hatte, von meinen Siebensachen in meinen alten, halbverbrannten Seehund |...|. Nun ging eine Höllenfahrt an und dauerte ohne große Unterbrechung wahrscheinlich so fort bis Moskau. Der Weg ist das solideste, gröbste, etwas ausgefahrene Steinpflaster mit abwechselnden Knüppelbrücken; das Fuhrwerk gilt zwar für eine Postkibitke, ist aber bloß ein offener, sehr massiver, backtrogähnlicher Karren, Telege genannt, fest auf der Achse liegend und bei jedem Stoß durch alle Sehnen dröhnend. Ich bat um Heu oder Stroh; da war aber selten etwas zu haben, so dass ich in der besten gewöhnlichen Richtung im Kasten auf der Achse saß und nur die Wahl hatte, mich gelegentlich durch eine schlimmere Wendung auf kurze Zeit etwas zu verbessern. Nun jagt der gemeine Russe mit seinen Stahlknochen über kleine und große Steine polternd hinweg, dass die Haare fliegen, und fragt nicht, was Kopf und Schenkel des Reisenden dabei empfinden. Das wirft und stößt und dröhnt von dem heiligen Bein bis in die Zirbeldrüse, so dass Gall einige Minuten nachher gewiss kein einziges seiner Organe an dem Hirnkasten würde finden können. Auf einer solchen Fahrt sollte man sich mit Bruchbändern versehen. Ich setzte mit aller Kraft meine Hände in meine Seite und hielt mir den Brustknochen so fest, als ich konnte, um mir den Thorax nicht zu zerbrechen. Ist man nun einige Stationen vom Schenkel bis zum Schulterblatte etwas gegerbt und gekerbt, so geht es nachher, bis auf einzelne Kapitalstöße, schon etwas leidlicher; weil man nämlich besser zu leiden gelernt hat. |...| Die Couriere haben aber gegen die Dröhnung breite, starke Gurte und eine Ledermaschine zum Sitzen, die sie an die Telege schnallen, und die man in Petersburg für zehn Rubel in den Buden kaufen kann. Das erfuhr ich erst bei meiner Rückkunft.[30]

Die Einfahrt nach Moskau ist von der andern Seite von Pleskow über die Berge die schönste, wo man die ganze alte, große, sonderbare Kapitale übersehen kann. Von der Petersburger Seite ist Alles flach, und links und rechts decken in einer nicht großen Entfernung noch Wälder die Aussicht. Links liegt, einige Werste von der Stadt, am Walde das neue kaiserliche Schloss, hat aber mehr das Ansehen einer großen Ritterburg als eines kaiserlichen Palastes. |...| Ich habe mit Küttner die Gewohnheit, dass ich überall, wo ich kann, die Höhen zur Aussicht suche; und so führten mich denn Buhle und Goldbach sogleich den Nachmittag im Kreml auf den Turm Iwan Weliky, wo man eine Art von Aussicht hat, wie man sie vom Pantheon und Montmartre in Paris nicht haben kann. Moskau ist beträchtlich größer an Umfang als Paris, ob es gleich weit weniger Einwohner hat. Der Kreml liegt auf einer kleinen Anhöhe am Flusse, mitten in der Stadt; und dieser Turm ist außerdem noch der größte von allen, so dass man hier rund umher die ganze sonderbare Herrlichkeit übersehen kann. Er ist beständig und für Jedermann offen und hat oben nur eine Schildwache, die von unten abgelöst wird. Es muss allerdings ein höchst seltenes, prächtiges Schauspiel gewesen sein, als voriges Jahr an einem Tage auf der linken Seite der Stadt nach dem kaiserlichen Garten zu ein großes, dunkles Gewitter zog, das auch in jenem Tage drei Mal einschlug, und zu gleicher Zeit diesseit des Kremls in glänzendem, magischem Sonnenschein unter einem Gewühl von Hundertausenden Garnerin seine Luftfahrt machte. Gleich unten am Fuße des Turms liegt ziemlich tief in der Erde die bekannte große Glocke und einige hundert Schritte davon steht unter einem Verdeck zwischen mehreren andern die bekannte große Kanone: ein Kammerstück, das einem Göttinger Arzt, der noch tiefer hinein nach Rußland auf die Güter des Fürsten Kurakin zog, so ungeheuer mehrwürdig vorkam, dass er ihren Anblick für den glücklichsten Augenblick seines Lebens hielt, wozu er auch rechnete, dass er so eben seinen Namen an die große Glocke geschrieben hatte. | … |

Es ist hier ein eigenes Gemisch alter neugriechischer, halborientalischer Erscheinungen und besserer neuerer Architektur aus Italien, was man in Moskau sieht. Das Sonderbarste ist wohl die Kathedrale, die an Gold und Steinen vielleicht alle übrigen Kirchen der Christenheit übertrifft. Alle Verzierungen sind darin schweres, solides Gold. Die meisten Bilder sind freilich zur Ehre der Kunst am Besten darin versteckt; aber es sind doch auch mehrere da, von denen es mir leid tat, dass man vor Gold kaum die Nase ordentlich sehen konnte. Wenn das Nimbus sein soll, so ist er nirgends so dick als hier. St. Peter in Rom ist ein gar armer Mann gegen diese Heiligen. Die übrigen bessern Schätze des Kremls, nämlich die Altertümer der Nation, waren eben verschlossen, weil man baute, und es gehörte eine außerordentliche Erlaubnis des Generalgouverneurs dazu, sie zu sehen, um welche ich mich nicht bemühen wollte. Etwas davon hätte ich allerdings vorzüglich gern gesehen, nämlich die Glocke von Nowogorod, die mir merkwürdiger gewesen wäre als die andern großen Glocken in Moskau und Erfurt, oder wo sie sonst hängen und liegen mögen. Dies war die Sturmglocke, mit welcher einst die Herren der großen Hanse in Nowogorod zu den Waffen läuteten, und deren Ton den Russen eine lange Zeit Schrecken und Tod war. Das war die Zeit des Sprichworts: Wer kann wider Gott und Nowogorod? Nach der endlichen Einnahme der Stadt wurde diese Glocke natürlich als ein Siegeszeichen nach Moskau gebracht, wo sie billig zu den ersten Merkwürdigkeiten der Nation gehört. | ... |

Für mein eigenes Gefühl hatte ich noch einen andern Moment, wie man ihn nur selten hat. Man zählt, wie ich höre, in Moskau gegen sechshundert Kirchen. Die Kirchen sind dort voll Türme und die Türme voll Glocken. Ich habe auf mancher Kirche sieben Türme gezählt, und unter dreien sieht man in Rußland selten eine; weswegen die Rechtgläubigen Ketzerei rochen, weil die Isaakskirche in Petersburg nur zwei Türme hat. Es war ein schöner, heller, stiller, freundlicher Nachmittag, wo der Wind sanft über die Stadt herüberwehte. Den Morgen darauf war ein Festtag, der mit allen Glocken den Abend vorher eingeweiht wurde. Stelle Dir nun das Gesumme vor; auf manchen Türmen sind über zwanzig Glocken. Ich habe in meinem Leben kein so magisches, gefühlbetäubendes, vernunfttötendes Tongewirre gehört als hier und in Warschau vor elf Jahren den grünen Donnerstag und Karfreitag. Du erinnerst Dich wohl der Periode, wo Glocken und Kanonen konzertierten. Hier begriff ich in einer Minute mehr von der Kirchentaktik, als mich viele Jahre Nachdenken und Studium der Geschichte gelehrt hatten. Bemeistere Dich mit Deiner großen Leidenschaft der kleinen Leidenschaft Anderer, und Du bist ihr Herr.[31]

Als ich in dem Quartier des Herrn von Block mit der Familie bei Tische saß und zu Johannis die Gesundheit des Herrn Johannes trank, worunter der Wirt und noch ein

Gast und, wie Du weißt, auch Dein alter Freund gehörte, kam eine Botschaft, dass die Kaiserin Mutter mich um sieben Uhr auf der Ferme sehen wollte. Das war mir nun unerwartet genug, und meine halbhuronische Personalität geriet doch einige Sekunden in's Betroffene. Es versteht sich aber, dass ich mich bald wieder sammelte, mich so gut als möglich kleidete und zur bestimmten Stunde auf einer kaiserlichen Linie hinfuhr. Man hatte mir eine Menge Dinge vorgepredigt, was Observanz sei; ich hatte aber wenig gemerkt und glaubte, jeder Schritt werde sich schon gehörig nach dem Takt des vorhergehenden messen. Die Kaiserin sprach mit mir ungefähr eine halbe Stunde, zuerst über mich selbst, meine kleinen Wanderungen und literarischen Arbeiten. Besonders fragte sie mich, da sie gehört hatte, ich beschäftige mich auch mit dem Griechischen, warum ich nicht eine Reise nach Griechenland mache. »Nach Italien, Frankreich und Rußland,« antwortete ich, »geht man bald und leicht und sicher; aber nach Griechenland zu wandern, wie Griechenland jetzt ist, ist in jeder Rücksicht über meine Kräfte. Auch bin ich eben nicht Antiquar und Literator, sondern nähre mich nur von dem griechischen Geiste zu meiner eigenen Stärkung; und das kann ich bei den alten Schätzen, die wir von der Nation haben, zu Hause jetzt vielleicht besser als in Athen und Sparta.«

Die Kaiserin fragte mich viel über Schiller, dessen Tod noch das Gespräch der Stadt war, und sprach von seinen Schriften mit hoher Achtung und von manchen mit einer so feinen Kritik, dass auch Schiller, hätte er sie gehört, sie gewiss benutzt hätte. Da ich mit Schiller immer in freundschaftlichen Verhältnissen gewesen war, konnte ich mit wahrer Wärme von seinem Charakter sprechen. Der bessere Mensch in ihm ließ von den minder guten Momenten keine Flecken einrosten. »Schiller ist mir am Liebenswürdigsten gewesen als Hausvater,« sagte ich und erzählte der Kaiserin, wie ihn einst die Unruhe wegen seiner kleinen Tochter nicht einige Tage länger in dem Zirkel seiner Freunde in Chursachsen ließ. Er eilte nach Weimar, und als ich einige Wochen nachher ihn besuchte, kam er mir im Vorhause mit dem lieblichen Ideal von Mädchen auf dem Arme entgegen und sagte: »Sehen Sie, das ist das kleine, närrische Geschöpf, das mich nicht ruhig bei Ihnen lassen wollte.« Die Kleine klammerte sich freundlich an seinen Nacken und rechtfertigte, was er sagte. Der Kaiserin schien die kleine Erzählung nicht unangenehm zu sein. Sie sprach noch Manches über unsere Literatur, und mit vieler Bestimmtheit und Klarheit, und einer Kenntnis, die mich vielleicht bald in Verlegenheit gesetzt haben würde; denn es ist natürlich, dass die Kaiserin mehr Zeit und Mittel hat, viel und gut zu lesen und sich zu unterrichten als ich. Sie hatte vielleicht gehört, dass man mir einige nicht verwerflichen Anträge gemacht hatte, dort zu bleiben, und fragte, warum ich das nicht wollte? Ich sagte ihr sogleich mit Wahrheit den Hauptgrund, dass ich in meinem Vaterlande eine alte Mutter habe, der ich für meine Entfernung durch nichts Ersatz geben könne, und die in ihren Jahren das Plätzchen, auf dem sie alt geworden, durchaus nicht verlassen werde. »Ihre Majestät werden das Gefühl gehörig würdigen, da Sie selbst Mutter sind.« – »Dawider ist nichts zu sagen, dawider ist gar nichts zu sagen,« sprach sie mit sichtbarer Zufriedenheit.

Als ich wegging, ließ sie mich noch in den Gärten herumfahren und befahl, dass man mir das Schloss zeigen sollte. Von den Häusern, es mögen Schlösser oder Hütten sein, sind mir immer die Bewohner das Wichtigste; also auch hier. Ich habe nicht außerordentlich viel Sinn für das, was außer dem Menschen ist. Man glaubt wohl mit Recht, dass in keinem Fürstenhause mehr Innigkeit und freundliche Humanität, mehr Güte und wahre Aufklärung herrscht als in der hiesigen kaiserlichen Familie. | ... |

Ich war, wie Dir bekannt, halb und halb mit der Absicht ausgegangen, hier Zutritt bei dem Kaiser zu suchen und ihn um ein kleines Jahrgehalt zu bitten, das ich verdient zu haben glaube und mit Selbstgefühl erwarten könnte. Schon unterwegs hatte ich den Gedanken ziemlich aufgegeben, und hier fand ich den Monarchen durch die kritische Lage der öffentlichen Angelegenheiten so sehr vor wichtigen, auf keine Weise angenehmen Geschäften belagert, dass es mir nicht einfiel, einen Schritt deswegen zu tun. Es würde mir vielleicht so schwer nicht geworden sein, aber bei genauer Prüfung fand ich, dass es doch wohl besser sei, aus eigenen Kräften durch mich so lange als möglich allein zu leben. Es ist für meine Art zu sein und zu denken besser; ob ich meiner gleich so gewiss bin, dass mich kein Gold und kein Glanz der Erde zu irgend einer Meinung bestechen würde.[32]

Es entsteht immer ein sonderbares, eigen gemischtes Gefühl in meiner Seele, wenn ich an Rußland denke. Gewiss sind im Einzelnen nirgends bessere Menschen als in allen Teilen dieses ungeheuren Reichs; nirgends tut die Regierung verhältnismäßig mehr für das Gedeihen der Provinzen, und nirgends wird doch weniger für Humanität, Gerechtigkeit und Aufklärung gewirkt. Das Radikalübel ist und bleibt, weil der Geist der Verfassung, wenn man so etwas Verfassung nennen kann, und einigermaßen auch die Regierung auf Sklaverei beruht. In Rußland gibt es keine allgemeine Bildung, sondern nur einzelne Verfeinerung; keine allgemeine Gesetzlichkeit, sondern nur einzelne Güte. Der Sprung geht von dem krassesten, dicksten Aberglauben zu der unbändigsten Zügellosigkeit, die nicht selten an Atheisterei grenzt und alle Moralität nur für den Kappzaum der Narren hält. Es gibt dort keine Wohlhabenheit, sondern nur Reichtum und Armut, Pracht und Elend; man springt von dem Einen zum Andern; oft trifft man Beides zusammen; selten ist Häuslichkeit. Das ist die Folge der Sklaverei. Es ist nirgends Sicherheit, weder im Staate noch in der Regierung; das ist auch ihre Folge. Nur Gerechtigkeit und milde Freiheit gewähren Sicherheit und allgemeinen Wohlstand.[33]

Ich wette hier mein bestes Stück Lachs aus der Woxa und einen ganzen Korb voll Mamurami, Du weißt nicht, in welchem Winkel der Erde Sippola liegt, und weder Büsching, noch Schlözer, noch Gaspari können Dir helfen. Höre also, Sippola ist ein gar schönes Dörfchen in dem nordischen Paradiese der Lappen, Russisch-Finnland, etwas auf dem Wege nordwärts, zwischen Wilmanstrand und Friedrichsham. Die Länge und die Breite habe ich nicht gemessen; ich kann Dir also nur davon sagen, dass herrliche Beeren da wachsen, dass das Korn noch hohe Wellen schlägt, und dass man sich ein noch ziemlich idyllisches Haberrohr schneiden kann, welches mehr ist, als Du vielleicht in der Nachbarschaft der Lappen vermutest. | ... |

Meine Seele war voll Bewegung, die Stube war im Juli geheizt und voll Rauch; alle Augenblicke glaubte ich ein Dutzend Tarakanen zu hören und schlief – so gut nicht wie gewöhnlich. Es war überdies jetzt noch die Zeit, wo es in dieser nördlichen Höhe ewig nicht Nacht werden will, und es kommt mir vor, als habe ich etwas von der Idiosynkrasie, dass ich nur die Nacht recht gut schlafen kann. Die Nächte sind aber dort in dieser Zeit so tagähnlich, dass wir in Petersburg um zwölf Uhr die Mitternacht im Garten ohne Licht einander ohne Schwierigkeit die Hamburger Zeitungen vorgelesen haben. | ... | Die Abendröte fließt mit der Morgenröte zusammen. Die ersten Nächte kam mir das recht angenehm vor; aber mein Auge ward des immerdauernden Lichts bald müde und vermisste die schöne Abwechselung der vaterländischen Sommernächte. | ... |

Ich knüpfe Dir den Faden meiner Wanderungen wieder an. Von Sippola ging ich zurück nach Friedrichsham in die große Straße und zog nach einer guten Mahlzeit zu Fuße weiter. Es kommt mir vor, als ob alle russischen Städte in Finnland mehr sänken als stiegen, ohne dass das flache Land gewinnt: ein sicheres Kennzeichen, dass man es verkehrt angreift. In Schweden ist zur Freude eines jeden rechtlichen Mannes überall das Gegenteil. Sklaverei und Leibeigenschaft sind der politische Mehltau, in welchem Alles verdorrt, und durch den nur die moralischen Fliegenschwämme wachsen. Die Gegend, die man freilich etwas voreilig mit der Schweiz vergleicht, ist überall freundlich und angenehm, und ich habe keine einzige Stelle gefunden, wo mein Gefühl mit dem Gedanken zurückgefahren wäre: hier ist es traurig, hier möchte ich nicht wohnen, welches doch wohl in Deutschland einige Mal der Fall gewesen ist. | ... |

Ich war schon ziemlich spät aus Friedrichsham gegangen, war müde und ward natürlich immer müder. Der Wald ward dichter und die Gegend wilder; die Hitze war drückend gewesen, und meine Füße fingen an, mir den Dienst zu versagen. Hungrig war ich, und der Proviant in meinem Tornister zu Ende: ich war schon froh, wenn ich von Zeit zu Zeit etwas leidliches Wasser fand. Da ich kein Haus erreichen konnte und mich nur mit Mühe weiter

fort zog, ging ich etwas von der Straße rechts ab wald-
einwärts und legte mich mit ruhiger Resignation auf
einen Granitblock zum Schlafe nieder. Der Himmel war
schön über mir, nur war es eben deswegen etwas kalt;
denn dort oben kommt, wenigstens bei Nacht, die Kälte
bald wieder, wenn die Kälte aufgehört hat. Dort oben im
Norden reist man vor Menschen ohne Gefahr; es ist nicht
wie in dem heiligen Lande Italien. Zu fürchten hatte ich
also nichts als von den Wölfen, die doch auch wohl im
Sommer zuweilen aus dem Dickicht herauswandeln und
sich nach etwas umsehen. Indessen die Schlaflust war stärker als die Furcht vor den Wölfen, und ich schlief einige
Stunden ganz ruhig, bis mich die Kälte erweckte.[34]

Jeder Mensch hat seine eigenen Heiligentage, Buonaparte
wie der Papst, also auch ich. Ehemals war einer meiner
großen Heiligentage der fünfundzwanzigste April. Die
Ursache liegt bei mir ziemlich tief in der Sakristei der
Seele, die ich Dir gelegentlich wohl aufschließen kann.
Der Aprilheiligentag ist nun etwas obsolet geworden, vermutlich, weil er – April war, nicht eben durch meine
Schuld. Nun überraschte mich ein solcher Tag in Holkaberg. Du kannst zwischen dem fünfundzwanzigsten
und siebzehnten aussuchen, welchen Du willst, und wirst
in der Mitte wohl nicht sehr irren. Schon der Name
Holkaberg hatte mich zur Andacht gestimmt, er klingt so
voll und feierlich; vielleicht heißt er gar Heiligenberg. Das
Wetter war das freundlichste des nordischen Sommers.
Die etwas einsame, schön gruppierte Gegend am See hinauf und herab ist dazu gemacht, eine romantische Stimmung zu schaffen und zu vermehren. Als ich nun durch
einen Blick in den Kalender um ein Jahr jünger ward,
ward ich vielleicht dadurch nicht um ein Jahr weiser, aber

doch einige Grade froher und lebendiger. Es war mir Alles wieder Gegenwart, als mich der Bursche am Strande des Landsees dahin fuhr, wie ich ehemals an diesem Tage Ananas suchte und nicht fand, und halb grämlich, halb froh, doch ganz enthusiastisch, späte Hesperidenfrüchte zu einem kleinen Opfer wählte. Man mag doch wohl nur dann menschlich glücklich sein, wenn man sich etwas närrisch vergisst; doch so, dass man von der ernsten Mutter Weisheit nicht zu niederschlagend strenge bestraft wird. Der ist doch ein armer Mann, der nichts in seinem Leben hat, das er noch einmal mit Genuss wieder leben kann. Gelbes Fürstenmetall will da nicht helfen.

Ich war aus dem Innersten meiner Seele, ganz allein in Skandinavien, eben so froh und vielleicht weit höher und reiner froh, als ob mir zehntausend vergoldete eiserne Söldlinge ein Lebehoch zugejauchzt und zugeklirrt hätten. Ich sang eine Menge Verse, eigene und fremde, und verlor mich mit den Worten: »*Heureux celui pour qui ce jour sera la fête la plus chère,*« auf einmal in eine stillere Träumerei einer andern Welt, aus der ich mich nur erst durch viele dunklen, unbekannten Übergänge wieder erholte. Ich wandelte unter den Manen der Männer, die mir im Leben viel galten und denen auch ich nicht ganz unwert zu sein schien, bei Gleim und Herder und Schiller und Weiße. »Auch die Toten sollen leben, und Hölle soll nicht sein!« brach ich plötzlich laut und stark aus, als ob ein Sturm von innen mich schüttelte; und der Knabe, mein Führer, blickte mich ängstlich an und hielt die Zügel sorgsamer, als ob er sagen wollte: »Ihr seid wohl ein sonderbarer, etwas unreimischer Mann.« Da aber bei mir die Ekstase der höhern Andacht vorbei war, und er mich wieder in Ruhe gesetzt sah, lächelte er ganz zutraulich und trieb seinen Gaul etwas lebendiger nach Grenna. | ... |

Solltest Du glauben, es kommt mir fast vor, als ob ich in meinen alten Tagen etwas Anlage zur Empfindsamkeit bekäme. Ich habe in einigen Aktionen gestanden, und es sind vor mir und neben mir mehrere ehrlichen Kameraden zur ewigen Ruhe niedergeschossen worden; und es hat sich unter dem linken Knopfloche doch nicht außerordentlich bewegt. Hier sah ich zwischen Markaryd und Fagerhult in der Abendsonne wieder das erste Buchenblatt, und unwillkürlich fiel der alte Kerl daneben auf den Rasen und küsste das Blatt und verhüllte das Gesicht in den Strauch. Ich glaube gar, die Augenwimper fing mir an zu glühen. Das muss wohl so etwas von dem *dulcis patriae fumus* sein, weswegen es der Lappe in Hamburg nicht aushalten konnte und der Schweizer beim ausländischen Kuhreigen sogleich läuft, um ihn besser auf den Alpen zu hören. Wenn im Paradiese keine Eichen und Buchen wachsen, so bleibe ich bestimmt in der Länge nicht darin. Fagerhult scheint dem Tone nach schon Buchenholz zu bedeuten, und ich sah sie hier in der Gegend auf einmal in solcher Vollkommenheit und Schönheit, wie man sie kaum am Thüringer Walde oder am Albaner See sehen kann.[35]

Wenn ich auch in meinem Leben nicht wieder nach Schweden komme, so wird mir doch immer eine sehr angenehme, wohltätige Erinnerung daran bleiben. Schweden ist wohl im Norden das humanste und freundlichste Land. Bei aller Armut, die nicht zu leugnen und nicht zu verbergen ist, herrscht doch überall eine Ordnung und ein Anschein von Wohlhabenheit, bei der sich Alles patriarchalisch wohl befindet. Man trifft in Schweden sehr wenig Menschen, denen man sogleich an der dicken Übersättigung ansieht, dass sie es zum höchsten Zweck ihres Lebens machten, das beste Verdauungssystem praktisch zu studieren. Alles arbeitet verhältnismäßig mehr als anderwärts, vorzüglich in Deutschland und Rußland. Es tut mir leid, dass ich nicht mehr von den nördlichen Provinzen und vorzüglich, dass ich nicht Dalekarlien sehen konnte: eine Gegend, auf welche die Schweden in jeder Rücksicht so stolz sind. Ich habe nichts als die gerade Straße von Aberforr nach Helsingborg, mit dem kleinen Abstecher nach Upsala gesehen; aber doch wohl einen Strich von hundertundachtzig deutschen Meilen gemacht, und kein einziges Fleckchen gefunden, von dem ich hätte sagen müssen: Hier ist es traurig, hier ist es verlassen, hier möchte ich nicht leben. Auf dem ganzen ziemlich langen Zuge habe ich nur einen einzigen Bettler getroffen, und diesen in Stockholm auf der Brücke vor dem Schlosse. Von welchem reichen Lande kann man das Nämliche sagen? Bei den Briten, die die Welt kaufen und verkaufen, machen die Bettler fast eine förmliche Gilde. | ... |

Die Dänen sind jetzt nach den Engländern wohl die größten Seereisenden, und fast alle Tage kommen Schiffe aus allen Weltgegenden an, und meistens dänische. Daher sie denn den Reichtum des Luxus aller Länder an den Sund bringen, wo man auch nicht ermangelt, ihn mit Geschmack gehörig zu genießen, ehe man ihn weiter befördert. Ein Schildkrötenschmaus mit dem gehörigen Gefolge fremder Weine ist bei den hiesigen Kaufleuten ein gewöhnliches Fest, mit dem Cato wohl schwerlich zufrieden gewesen sein würde. Wer wird aber auch bei den Erstlingssöhnen und Lieblingskindern Merkur's Frugalität suchen? Sind sie mit Merkur dem Reichtumbringer fertig, so gehen sie freudig mit Merkur dem Negropompen. Alle Augenblicke bringt hier ein Schiffer ein Sortiment fremder Tiere mit, aus bloßer Ökonomie oder Phantasie, und ohne daran zu denken, dass er dem Naturhistoriker damit eine große Freude macht. Kopenhagen ist durchaus der beste und freundlichste Hafen. Nur Syrakus würde besser sein, wenn die Leute dort nicht zu faul wären. Nirgends findet man wohl eine so große Menge Schiffe aller Nationen, da es überdies der beste Intermediärhafen des Nordens und des Südens ist.[36]

Die keilförmige Bucht von Kiel, von welcher wahrscheinlich die Stadt den Namen hat, macht bei der Einfahrt einen schönen Anblick. Rechts die Festung und der Kanal und der Wald, und links einige schönen Dörfer mit schön gruppierten Bergschluchten. Ich hatte nicht geglaubt, dass hier ein so starker Schiffbau wäre, als ich fand. Der Hafen hält bis an die Stadt sehr große Fahrzeuge. |...|

In Kiel gefällt mir's nicht sonderlich, aber bei Kiel desto besser. Die Gegend ist äußerst freundlich und lieblich, und man könnte wohl sagen malerisch, wenn man darunter das versteht, was die Seele durch das Auge in angenehme Bewegung setzt. |...| Ein Morgenspaziergang durch Düsterbrook nach der Mündung des Kanals, und von diesem hinauf bis Knop, ist ein Genuss, den zehn Seestädte nicht gewähren. Ich möchte wohl an dem ganzen Kanal hinauf bis an die Nordsee gehen, die Schönheiten müssen zahlreich und mannichfaltig sein. Von der Mündung bis nach Knop, kaum eine Stunde Weges, begegneten uns eine Menge Schiffe, und ihre Durchfahrt durch die Schleusen gibt Unterhaltung, wenn man es auch schon sehr oft gesehen hat. Das Gut und der Garten des Grafen Baudissen sind zwar auch nicht in dem Stil der hohen Schönheit – das würde die Gegend kaum erlauben – aber es ist in beiden viel Mannichfaltigkeit, und das Nützliche und Angenehme in freundlicher Verbindung. Selten habe ich eine fröhlichere Mahlzeit gehalten als das Frühstück dort am Kanal im Wirtshause. Fast ward, welches nur sehr selten geschieht, die Stimmung meiner Seele idyllisch | ... |.

Meine Fischreise wäre also hier geschlossen; denn Du kannst nachrechnen, dass ich in dieser Rücksicht diesen Sommer einen herrlichen Zug gemacht habe. Mit der Elbe angefangen, mit der Elbe geendet. Die Oder, die Memel, die Düna, die Embach, die Newa, die Wolga, – bedenke, welche fischreichen Ströme, die großen und kleinen Landseen nicht mit eingerechnet. In Moskau hatten wir Fische aus dem schwarzen Meere und dem weißen Meere und der Kaspischen See, und mein Schicksal führte mich zu Schmeckern, wo sie gegeben wurden. Und nun der Strich am finnischen und bothnischen Meerbusen und der Ostsee herunter bis zur Nordsee: das gab Reichtum an Floßfedergeschöpfen, vom Lachs bis zum Strömlinge. Und an keinem habe ich mir den Magen verdorben.[37]

6.

ÜBER KLEINE SCHWÄCHEN, EISERNE GRUNDSÄTZE UND RECHTHABEREIEN

Ich kann nicht umhin, hier, trotz der Ehrlichkeit meines Wesens, die Diebsneigung meiner Natur in Kleinigkeiten anzuklagen. Meine Jugend ist voll davon. Man hätte mich unter Goldhaufen sicher lassen können, ich hätte nichts angerührt; aber in dem Garten war trotz aller Verbote doch selten ein Apfelbaum, den ich nicht verstohlen dezimierte. Wenn wir Geschwister Borstorferäpfel zum Braten in der Röhre hatten und sie nun vollendet gut waren, verzehrte ich sehr bald die meinigen und wusste dann die übrigen mit dem Federmesser so zu öffnen, dass der genießbare Inhalt mir zu Teil ward. Griff man sie sodann an, so ging die eingeschlossene Luft in's Weite und die Schale war leer. Wenn ich in die Wurstkammer kommen konnte, wo Alles hübsch an Stangen hing, schnitt ich wohl in der Mitte der Wurst etwas heraus und spiekerte sie mit einem Hölzchen wieder ganz. Einmal jagte mich ein Bauer aus einem Schotenfelde von Knauthain fast bis Lützen, ohne den Flüchtling erwischen zu können. Wegen dergleichen Streiche gab es viel strenge Moralen, und auch wohl tätliche Züchtigungen. Nur erst, nachdem ich die Begriffe ernster sichten lernte und das Unstatthafte der Unart einsah, gewöhnte ich mir diese otaheitische Sitte ab. Wenn Jeder sich diese Kleinigkeit erlauben wollte, würde dem Eigentümer bald wenigstens nicht der beste Teil zurückbleiben. Bei gewissen Gelegenheiten ist eine furchtbare Strenge hierin keine Ungerechtigkeit. Wenn z. B. jeder Soldat eines marschierenden Korps eine Handvoll Kohlrüben mitnehmen wollte, wie würde man das Feld finden? Man hat also mit Recht hier und da Todesstrafe auf dergleichen Unordnungen gesetzt. Freilich ist das in unsern Tagen nicht mehr, wo die Undisziplin wieder bis zur Barbarei herabgesunken ist.[38]

Man hat mich getadelt, dass ich unstet und flüchtig sei: man tat mir Unrecht. Die Umstände trieben mich, und es hielt mich keine höhere Pflicht. Dass ich einige Jahre über dem Druck von Klopstocks Oden und der Messiade saß, ist wohl nicht eines Flüchtlings Sache. Man wirft mir vor, dass ich kein Amt suche. Zu vielen Ämtern fühle ich mich untauglich; und es gehört zu meinen Grundsätzen, die sich nicht auf lächerlichen Stolz gründen, dass ich glaube, der Staat müsse Männer suchen für seine Ämter. Es ist mir also lieb, dass ich Ursache habe zu denken, es müssen in meinem Vaterlande dreißig tausend Geschicktere und Bessere sein als ich. Wäre ich Minister, würde ich höchst wahrscheinlich selten einem Manne ein Amt geben, der es suchte. Das werden Viele für Grille halten; ich nicht. Wenn ich Isolierter nicht strenge nach meinen Grundsätzen handeln will, wer soll es sonst?

Man hat es gemissbilligt, dass ich den Russischen Dienst verlassen habe. Ich kam durch Zufall hin, und durch Zufall weg. Ich bin schlecht belohnt worden; das ist wahrscheinlich auch Zufall: und ich bin noch zu gesund an Leib und Seele, um mir darüber eine Suppe verderben zu lassen. In der wichtigsten Periode, der Krise mit Polen, habe ich in Grodno und Warschau die deutsche und französische diplomatische Korrespondenz zwischen dem General Igelström, Pototzky, Möllendorf und den andern preußischen und russischen Generalen besorgt, weil eben kein anderer Offizier im Hauptquartier war, der so viel mit der Feder arbeiten konnte. – Sie sind noch nicht verpflichtet, sagte Igelström zu mir, als er mir den ersten Brief von Möllendorf gab. Sie haben noch nicht geschworen. Der ehrliche Mann, antwortete ich, kennt und tut seine Pflicht ohne Eid, und der Schurke wird dadurch nicht gehalten. | ... | Ich habe gearbeitet Tag und Nacht, bis zur letzten Stunde als der erste Kanonenschuss unter meinem Fenster fiel: und mir deucht, dass ich dann auch als Soldat meine Schuldigkeit nicht versäumte, wenn ich gleich während des langen Feuers kartätschensicher zuweilen in einer Mauernische neben den Grenadieren saß und in meinem Taschenhomer blätterte. Zu den russischen Arbeiten hatte der General Dutzende; zu den deutschen und französischen, die der Lage der Sachen nach nicht unwichtig sein konnten, niemand als mich: das wird Igelström selbst, Apraxin, Pistor, Bauer und andere bezeugen. Als der Franzose Sion ankam, waren die wichtigsten Geschäfte schon getan. Dafür wurde mir denn dann und wann ein Geiger vorgezogen, der einem der Subows etwas vorgespielt hatte. Das ist auch wohl anderwärts nicht ungewöhnlich. Ich hatte das Schicksal gefangen zu werden. Der General Igelström schickte mich nach Beendigung der ganzen Geschichte mit einem schwer verwundeten jungen Manne, der mein Freund und dessen Vater der seinige war, nach Italien, damit der Kranke dort die Bäder in Pisa brauchen sollte. Wir konnten nicht hin, weil die Franzosen alles besetzt hatten. Die Kaiserin starb; ich konnte unmöglich an dem Tage zurück auf meinem Posten sein, den Paul in seiner Ukase bestimmt hatte, und wurde aus dem Dienst geschlossen. Man hat in Rußland wenig schöne Humanität bei dem Anblick auf das flache Land. Schon vorher war ich halb entschlossen nicht zurückzugehen, und ward es nun ganz. Der Kaiser gab mir auf meine sehr freimütige Vorstellung an ihn selbst, da ich durchaus keinen Dienstfehler gemacht hatte, endlich den förmlichen ehrenvollen Abschied, den mir der General Pahlen zuschickte. Es ist sonst Gewohnheit in Rußland, Offizieren, die einige Dienste geleistet haben, ihren Gehalt zu lassen; ich erhielt nichts. Das war vielleicht so Geist der Periode, und es würde Schwachheit von mir sein, mich darüber zu ärgern. Wenn ich jetzt etwas in Anregung bringen wollte, würde man die Sache für längst antiquiert halten und der Sinn des Resultats würde heißen: Wir Löwen haben gejagt. – Ich will mir den Nachsatz ersparen. Wenn ich nicht einige Kenntnisse, etwas Lebensphilosophie und viel Genügsamkeit hätte, könnte ich den Rock des Kaisers um ein Stückchen Brot im deutschen Vaterlande umher tragen.

Ich habe mich in meinem Leben nie erniedriget, um etwas zu bitten, das ich nicht verdient hatte; und ich will auch nicht einmal immer bitten, was ich verdiente. Es sind in der Welt viele Mittel ehrlich zu leben: und wenn keines mehr ist, finden sich doch einige, nicht mehr zu leben. Wer nach reiner Überzeugung seine Pflicht getan hat, darf sich am Ende, wenn ihn die Kräfte verlassen, nicht schämen abzutreten.[39]

Wir saßen lange zwischen Ustika und den liparischen Inseln, und ich las, weiß der Himmel wie ich eben hier auf diesen Artikel fiel, während der Windstille die Georgika Virgils, die ich hier besser genoss als jemals. Nur wollte mir die Schlussfabel von dem Bienenvater nicht sonderlich gefallen: sie ist schön, aber hierher gezwungen. Dann las ich, da der Wind noch nicht kommen wollte, ob wir gleich in seinem mythologischen Vaterlande waren, ein großes Stück in die Aeneis hinein. Hier wollte mir nun, unter vielen Schönheiten im vierten Buche die Beschreibung des Atlas wieder nicht behagen, so herrlich sie auch klingt. Es ist, dünkt mich, etwas Unordnung darin, die man dem Herrn Maro nicht zutrauen sollte. Da ich eben nicht viel zu tun habe, will ich Dir die Stelle ein wenig vorschulmeistern. Merkur kommt von seinem Herrn Vater auf der Ambassade zu Frau Dido hierher. Die Verse heißen, wie sie in meinem Buche stehen:

— jamque volans apicem et latera ardua cernit
Atlantis duri, coelum qui vertice fulcit;
Atlantis, cinctum assidae cui nubibus atris
Piniferum caput et vento pulsatur et imbri;
Nix humeros infusa tegit: tum flumina mento
Praecipitant senis, et glacie riget horrida barba.

Die Verse sind unvergleichlich schön und malerisch: aber er bringt auf den obersten Scheitel Sturm und Regen, lässt den Schnee auf den Schultern liegen, Flüsse aus dem Kinn strömen und weiter unten den Bart von Eis starren. Das ist nun alles ziemlich umgekehrt, wenn ich meinem Bisschen Erfahrung glaube. Ich weiß nicht, was Heyne aus der Stelle gemacht hat. So weit oben werden überdies wohl schwerlich noch Fichten wachsen. Ich überlasse es Dir, Deinen Liebling zu verteidigen; ich selbst bleibe hier mit meiner Hermeneutik etwas stecken. Wer in seinem Leben keine hohen Berge gesehen und bestiegen hat, nimmt so etwas freilich nicht genau. Schade um die schönen Verse![40]

Ich muss Dir bei dieser Gelegenheit doch eine Kleinigkeit erzählen, die ich mir zu einigem Verdienst anrechne. Du weißt, dass ich bei dem Drucke von Klopstock's Oden und seiner Messiade die Handlangerarbeit eines Korrektors verrichtete. Der alte Herr muss wirklich ein avtosepha-ähnliches Ansehen behauptet haben. Er wies diktatorisch auf sein Manuskript, das doch nicht ohne kleine Fehler war. Daraus entstanden Differenzen, oft über Adiaphora. Er berief sich auf sein Papier, das aber wider ihn zeugte; und ich schrieb ihm im heiligen Eifer einmal einen sehr freimütigen Brief, voll von Anerkennung seines wahren, großen Werts, aber mit Aufstellung sehr vieler kleinen Unrichtigkeiten. Er ließ mir mündlich etwas grämlich sein Concedo antworten, hatte sich aber gegen Herder, wie mir Herder selbst sagte, bitter über mich beklagt, dass ich unbarmherzig mit ihm umgegangen sei. Meine Rechtfertigung ist sein eigenes Papier. Sein einziger Fehler ist, dass er in Minutien unfehlbar sein will. Nur ein einziges Beispiel! In einer Ode, ich glaube *die Gestirne*, steht in allen vorhergehenden Ausgaben in einem Verse: »Vater, so rufen wir an.« Das Metrum lag in meinem Ohre und wollte durchaus, dass das Wörtchen *an* wegfalle, und die Ästhetik ist sehr damit zufrieden. Es wurde ihm geschrieben und ihm zugleich ein Korrekturbogen geschickt. Er hatte darauf das unterstrichene Wort wieder unterpunktiert, es wieder ausgestrichen, es wieder oben hingeschrieben und es wieder ausgestrichen. So schickte er den Bogen ohne eine Silbe zurück. Man sieht, mit welcher väterlichen Ängstlichkeit er den alten Verstoß retten wollte. Es war jedoch unmöglich, und die Göschen'sche Ausgabe ist die einzige, wo dieser Vers durch meine Strenge richtig steht.[41]

Ich kann mir nicht helfen, Lieber, ich muss es Dir nur gestehen, dass ich den Artikel von der Vergebung der Sünden für einen der verderblichsten halte, den die Halbbildung der Vernunft zum angeblichen Troste der Schwachköpfe nur hat erfinden können. Er ist der schlimmste Anthropomorphismus, den man der Gottheit andichten kann.

Es ist kein Gedanke, dass Sünde vergeben werde: jeder wird wohl mit allen seinen bösen und guten Werken hingehen müssen, wohin ihn seine Natur führt. Eine missverstandene Humanität hat den Irrtum zum Unglück des Menschengeschlechts aufgestellt und fortgepflanzt: und nun wickeln sich die Theologen so fein als möglich in Distinktionen herum, welche die Sache durchaus nicht besser machen. Was ein Mensch gefühlt hat, bleibt in Ewigkeit gefehlt; es lässt sich keine einzige Folge einer einzigen Tat aus der Kette der Dinge herausreißen. Die Schwachheiten der Natur sind durch die Natur selbst gegeben, und die Herrscherin Vernunft soll sie durch ihre Stärke zu leiten und zu vermindern suchen. Der Begriff der Verzeihung hindert meistens das Besserwerden.[42]

7.

VOM LOB DES BUTTERBROTS UND ALLERLEI LIEBLINGSGERICHTEN

Meine Seele hat von der frühen Kindheit an unbestimmt
sehr an der Natur gehangen; dies ward nun zur Neigung.
Das Einfachste war mir immer das Liebste, ein gutes Butterbrot und reines Wasser mein bester Genuss. Ich erinnere mich darüber eines drolligen Auftritts. Mein Vater
nahm mich einmal mit nach Leipzig; ich mochte ungefähr
ein Bube von sieben Jahren sein. Er traf einen alten Bekannten, und Beide wurden einig, ein Frühstück in einem
Italienerkeller zu nehmen. Da ich nicht Lust hatte mit-
zugehen und er mich nicht nötigen wollte, wies er mir
eine Peripherie an, aus welcher ich nicht kommen sollte,
und den Eckstein, an welchem man nach einer Viertelstunde mich wieder treffen würde, und gab mir einige
Groschen, sie auf dem Markte nach meinem Belieben zu
verzehren. Als er zurückkam, hatte sich noch ein Bekannter angeschlossen. »Nun, hast Du auch ordentlich gefrüh-
stückt, Junge?« fragte er mich. – »Ja, Vater.« – »Wie hast
Du denn Dein Geld angewendet?« – »Ich habe mir eine
Semmel gekauft und Rüben dazu.« – »Was für Rüben?«
fragten sie neugierig. »Solche weißen Rüben, wie sie sie
hier haben;« antwortete ich, indem ich auf die Gärtner
zeigte. Alle lachten laut. »Für wie viel denn?« – »Für zwei
Groschen.« – »Junge, bist Du toll? Für zwei Groschen
weiße Rüben? Für einen Dreier bekommst Du ja draußen
auf dem Dorfe so viel, dass sich sechs Fuhrknechte satt
essen können.« – »Wo denn?« – »Draußen überall.« – »Ich
habe nichts gesehen.« – »Kannst Du nicht warten, bis sie

groß sind?« – »Warten, ja warten;« sagte ich und kratzte mich hinter dem Ohre. Es war noch früh im Jahr; ich hätte wenigstens noch einige Monate auf mein Lieblingsgericht warten müssen. Man lachte immerfort über den Dreier für die Semmel und die zwei Groschen für weiße Rüben dazu. »Ei, so lasst doch den Jungen zufrieden,« sagte der alte Verwandte; »es ist doch wohl besser, als wenn er Pfeffernüsschen und Zuckerbrot gekauft hätte.« Ich war bloß dem Instinkt und der Neigung gefolgt; aber als man vernünftig darüber nachdachte, trat man denn doch auf meine Seite. Der nämliche Alte war auch mein Advokat gegen den Kaffee, der mir sehr zuwider war. Die ganze Familie trank ihn zum Frühstück; ich sollte also auch. »Wir werden dem jungen Herrn ein Süppchen apart kochen,« sagte meine Mutter, und wollte mich zur allgemeinen Kaffeepartie nötigen. »Ei, so lasst ihn doch zufrieden,« sagte der Alte; »es wird ihm vielleicht einmal recht lieb sein, wenn er sich nicht an die verdammte Lorke gewöhnt hat.« Meine Mutter glaubte, Butterbrot und kaltes Wasser zum Frühstück ohne etwas Warmes würde mir übel bekommen; da sie aber das Gegenteil sah, ließ sie mich ruhig meinen Weg gehen. An dem Brunnen waschen und trinken war also die nämliche Partie; übrigens lief ich meistens allein in allen Dickichten herum, und kein Elsternest war mir zu hoch, ich musste hinauf. Das setzte ich denn etwas verändert in Borna und Leipzig fort. Ich trank durchaus weder Wein noch Bier, bekümmerte mich nichts um Backwerk und feinere Gerichte; aber die schönsten Kirschen und Pflaumen wurden immer reichlich gekauft, sie mochten noch so teuer sein, und mein Aufwand darin ging für meine Umstände zuweilen fast bis zur Verschwendung.[43]

In der alten Welt habe ich nie gefischt, außer zuweilen als Knabe mit meinem Vater in der Rippach, welche herrliche Schmerlen enthielt; in Amerika verführte mich der Reichtum des Fischzugs nicht selten zu diesem Vergnügen, wo ich in einer Stunde manchmal mehr Hummer und *black salmon*, eine Art kleinere, schwarzbraune Lachse, fing, als ich nach Hause zu bringen im Stande war. Da beide Arten nicht zu meinem Geschmack gehörten, schenkte ich sie gewöhnlich dem Ersten, der sie haben wollte. Für Hummer wählte ich kleinere, zartere Krebse, und von den Fischen waren Aale, Makrelen, Kabeljaus und einige Schollenarten meine Lieblinge, die alle sehr reichlich und sehr wohlfeil dort zu haben waren; denn für einen englischen Stüber wurde ein Kabeljau gekauft, der mit dem Kopf auf der Schulter lag und mit dem Schwanze nicht selten die Erde berührte. Die Fische waren zwar im Lager als Fieber erzeugend verboten; aber ich ließ mich nicht abhalten meiner Liebhaberei zu folgen und musste selbst einmal dafür auf der Brandwache sitzen. Sie haben mir nie geschadet, vielleicht weil ich sie sehr einfach und meistens gebraten aß. Das war besonders der Fall mit einer sehr großen Sorte Heringe, die zum Einsalzen, wenigstens für die dortige Kunst, zu mächtig waren, aber einen herrlichen Bratfisch gaben. Ich bin nicht Naturhistoriker; aber es macht mir oft ein eigenes Vergnügen, das Geschlecht der Heringe nach meiner Meinung durchzugehen, von dem großen, ellenlangen amerikanischen Heringe herab bis zu der athenischen Aphye, die nur das Feuer zu riechen brauchte, um gekocht zu sein, und die auch mit zu den Heringen zu gehören scheint. Dazwischen liegen der englische, der holländische, der schwedische, der dänische Hering, die Strömlinge und Killoströmlinge, vorzüglich aus dem Peipussee, die Sprotten, die Anchovie, die Sardelle, die mit der Aphye fast eins zu sein scheint, und weiß der Himmel, wie viele Arten noch in den indischen Meeren leben, mit denen ich unbekannt bin.[44]

Hier in Znaim musste ich zum ersten Mal Wein trinken, weil der Göttertrank der Germanen in Walhalla nicht mehr zu finden war. Der Wein war, das Maß für vierundzwanzig Kreuzer, sehr gut, wie mich Schnorr versicherte; denn ich verstehe nichts davon, und trinke den besten Burgunder mit Wasser wie den schlechtesten Potsdamer. Hier möchte ich wohl wohnen, so lieblich und freundlich ist die ganze Gegend, selbst unter dem Schnee. An der einen Seite stößt die Stadt an ziemliche Anhöhen, und auf der andern, vorzüglich nach Östreich, wird die Nachbarschaft sehr malerisch durch die Menge Weingärten, die alle an sanften Abhängen hin gepflanzt sind. Die beiden Klöster an den beiden Enden der Stadt sind, wie die meisten Mönchssitze, treffliche Plätze. |...|
Auf der Grenze von Mähren nach Östreich habe ich kein Zeichen gefunden; nur sind sogleich die Wege merklich schlechter als in Böhmen und Mähren, und mit den Weingärten scheint mir entsetzlich viel guter Boden verdorben zu sein. Ich nehme die Sache als Philanthrop und nicht als Trinker und Prozentist.[45]

Der Hunger fing an (auf dem Weg von Macerata nach Ancona) mir ziemlich unbequem zu werden, als ich rechts am Wege ein ziemlich schmutziges Schild erblickte und nach einem Frühstück fragte. Da war nichts als Klage über Brotmangel. Endlich fand sich, da ich viel bat und viel bot, doch noch Wein und Brot. Das Brot war schlecht, aber der Wein desto besser. Ich war nüchtern, hatte schon viel Weg gemacht, war warm und trank in großen Zügen das Rebengeschenk, das wie die Gabe aus Galliens Kampanien perlte und wie Nektar hinunterglitt. Ich trank reichlich, denn ich war durstig; und als ich die Kaupone verließ, war es als schwebte ich davon, und als wäre mir der Geist des Gottes sogar in die Fersen gefahren. So viel erinnere ich mich, ich machte Verse, die mir in meiner Seligkeit ganz gut vorkamen. Schade, dass ich nicht Zeit und Stimmung hatte, sie aufzuschreiben; so würdest Du doch wenigstens sehen, wie mir Lyäus dichten hilft; denn meine übrige Arbeit ist sehr nüchtern. Die Feldarbeiter betrachteten mich aufmerksam, wie ich den Weg dahinschaukelte; und ich glaube, ich tanzte die Verse ab. Da fragte mich ganz traulich-pathetisch ein Eseltreiber: *Volete andare a Cavallo, Signore?* Ich sah seine Kavallerie an, rieb mir zweifelnd die Augen und dachte: Sonst macht wohl der Wein die Esel zu Pferden: hat er denn hier die Pferde zu Eseln gemacht? Aber ich mochte reiben und gucken, so viel ich wollte, und meine Nase komisch mit dem Hofmannischen Glase bebrillen; die Erscheinungen blieben Esel; und ich gab auf den wiederholten Ehrenantrag des Mannes den diktatorischen Bescheid: *Io sono pedone e non voglio andare a cavollo sul asino.* Die Leute sahen mich an und der Eseltreiber mit, und lächelten über meinen Gang und meine Sprache; aber waren so gutartig und lachten nicht. Das waren urbane Menschenkinder; ich glaube fast, dass im gleichen Falle die Deutschen gelacht hätten.[46]

Aus Vorsicht hatte ich für mich in Palermo Brot gekauft, das beste und schönste, das ich je gesehen und gegessen habe. Hier war es mir eine Wohltat, und ich selbst konnte damit den Wohltäter machen. Die Leutchen im Hause, unter denen ein Kranker war, segneten die fremde Hülfe: denn das wenige Brot, das sie selbst hatten, war sehr schlecht. Ist das nicht eine Blasphemie in Sizilien, das ehemals eine Brotkammer für die Stadt Rom war? Ich konnte meinen Unwillen kaum bergen. |…|

Den Morgen darauf gingen wir durch die Jumarren, einen heillosen Weg, unter sehr schlechtem Wetter. Nie habe ich eine solche Armut gesehen, und nie habe ich mir sie nur so entsetzlich denken können. Die Insel sieht im Innern furchtbar aus. Hier und da sind einige Stellen bebaut; aber das Ganze ist eine Wüste, die ich in Amerika kaum so schrecklich gesehen habe. Zu Mittage war im Wirtshause durchaus kein Stückchen Brot zu haben. Die Bettler kamen in den jämmerlichsten Erscheinungen, gegen welche die römischen auf der Treppe des *spanischen* Platzes noch Wohlhabenheit sind: sie bettelten nicht, sondern standen mit der ganzen Schau ihres Elends nur mit Blicken flehend in stummer Erwartung an der Türe. Erst küsste man das Brot, das ich gab, und dann meine Hand. Ich blickte fluchend rund um mich her über den reichen Boden, und hätte in diesem Augenblicke alle sizilische Barone und Äbte mit ihren Ministern an ihrer Spitze ohne Barmherzigkeit vor die Kartätsche stellen können. Es ist heillos. Den Abend blieb ich in Fontana Fredda, wo ich, nach dem Namen zu urteilen, recht schönes Wasser zu trinken hoffte. Aber die Quelle ist so vernachlässiget, dass mir der Wein sehr willkommen war. Ich musste hier für ein Paar junge Tauben, das einzige was man finden konnte, acht Karlin, ungefähr einen Taler nach unserm Gelde, bezahlen; da ich doch mit den ewigen Makkaronen mir den Magen nicht ganz verkleistern wollte. Das beste war hier ein großer, schöner, herrlicher Orangengarten, wo ich aussuchen und pflücken konnte, soviel ich Lust hatte, ohne dass es die Rechnung vermehrt hätte, und wo ich die köstlichsten, hochglühenden Früchte, von der Größe einer kleinen Melone fand. Gegenüber hängt das alte Sutera traurig an einem Felsen, und Kampo Franco von der andern Seite. Das Tal ist ein wahrer Hesperidengarten, und die Segensgegend wimmelt von elenden Bettlern, vor denen ich keinen Fuß vor die Tür setzen konnte: denn ich kann doch nicht helfen, wenn ich auch alle Taschen leerte und mich ihnen gleich machte.[47]

Hier (auf dem Weg nach Syrakus) hatte ich ein Unglück, das mich auch den Weg allein fortzusetzen zwang. Mein Begleiter von Agrigent war sehr fromm, es war Fasten; er aß so viel Paste, dass ich über seine Kapazität erstaunte. Indes ein Sizilianer dieser Art hat seine Talente, die unser einer nicht immer beurteilen kann. Ich mochte nichts sagen; er hätte glauben können, es wäre wegen der Bezahlung. Wir gingen fort; aber kaum waren wir eine halbe Stunde gegangen, so fing die Paste an zu schwellen, und verursachte dem frommen Mann fürchterliche Passionen. Ich fing nun an ihm den Sermon zu halten, warum er so viel von dem Kleister und nicht lieber etwas mit mir gegessen habe. Hier rührte ihn von neuem das Gewissen, und er bekannte mir, er habe schon furchtbare Angst gehabt, dass er mit mir in der Fasten zu Fontana Fredda eine halbe Taube gegessen. Sein Beichtvater habe ihn hart darüber angelassen. Die Sache ward nun schlimmer. Er fiel nieder, wälzte sich und schrie vor Schmerz und konnte durchaus nicht weiter fort. Was sollte ich tun? Ich konnte hier nicht bleiben. Nachdem ich ihm so derb und sanft als möglich den Text über seinen unvernünftigen Fraß gelesen hatte, nahm ich ihm meinen Sack ab, übergab ihn seinem Freunde und Landsmanne, überließ ihn seinen Heiligen und ging allein weiter. Es war mir sehr lieb, dass ich ihn so gut versorgt sah; ich hätte ihm nicht helfen können: doch tat es mir um den armen dummen Teufel leid. Ich habe nachher erfahren, dass er sich erholt hat. Wenn er gestorben wäre, wäre es gewiss zum Wunder bloß darum gewesen, weil er in der Fasten mit einem Ketzer junge Tauben gegessen hatte, und nicht wegen seines bestialischen Makkaronenfraßes. Ich habe vernünftige Ärzte in Italien darüber sprechen hören, dass jährlich in der Fasten eine Menge Menschen an der verdammten Paste sich zu Tode kleistern; denn der gemeine Mann hat die ganze lange Zeit über fast nichts anders als Makkaronen mit Öl.[48]

Eben sitze ich hier (in Syrakus) bei einem Gericht Aale aus dem Anapus, die hier für eine Delikatesse der Domherren gelten, und die ich also wohl ebenso verdienstlos verzehren kann. Ich habe sie selbst auf dem Flusse gekauft und halb mit gefischt. Ich fuhr nämlich heute nach Mittage mit meinem Franzosen über den Hafen den Anapus hinauf, um das Papier (Papyrus) zu suchen. Das Papier fand ich auf der Cyane links bald in einer solchen Menge, dass wir das Boot kaum durcharbeiten konnten: aber die schöne Quelle der Cyane konnte ich nicht erreichen. Es war zu spät; wir mussten fürchten verschlossen zu werden und kehrten zurück. Das ärgerte mich etwas; ich hätte früher fahren müssen. Das Wasser ging hoch und wir kamen noch eben wieder zum Schlusse an. Hier am Hafen wollten einige Köche der hiesigen Schmecker mir durchaus meine Beute abhandeln und boten gewaltig viel für meine Aale, machten auch Anstalt sich derselben provisorisch zu bemächtigen, als ob das so Regel wäre: ich hielt aber den Fang fest und sagte bestimmt, ich wollte hier in Syrakus meine Aale aus dem Anapus selbst essen, und würde sie weder dem Bischof, noch dem Statthalter, noch dem

König selbst geben, wenn er sie nicht durch Grenadiere nehmen ließe. Die Leute beguckten mich und ließen mich abziehen. Über das Papier selbst und des Landolina Art es zuzubereiten, habe ich nichts hinzuzufügen; ob ich gleich glaube in den bisherigen Beschreibungen der Pflanze, zwar keine Unrichtigkeiten, aber doch einige Unvollständigkeit entdeckt zu haben. Die Sache ist indessen zu unwichtig. Unser schlechtestes Lumpenpapier ist immer noch besser, als das beste Papier, das ich von der Pflanze vom Nil und aus Sizilien gesehen habe. Wir können nun das Sumpfgewächs und den Kommentar des Plinius darüber entbehren; es hat nur noch das Interesse des Altertums.[49]

Eben stehe ich von einer echt klassischen Mahlzeit auf, mein Freund; und ich glaube fast, es wäre die beste in meinem Leben gewesen, wenn nur einige Freunde, wie Du, aus dem Vaterlande mit mir gewesen wären. Aber mein Tischgeselle war ein hiesiger Geistlicher, eben die Physiognomie, die ich auf der Straße zum Führer bekam. Der Mann ist indessen für einen sizilischen Theologen vernünftig genug, und hat mir eben, ich weiß nicht wie, klassisch bewiesen, dass Katanien das Vaterland der Flöhe sei. Meine Mahlzeit, Freund, war ganz vom Aetna, bis auf die Fische, welche aus der See an seinem Fuße waren. Die Orangen, der Wein, die Kastanien, die Feigen und die Feigenschnepfen, alles ist vom Fuße und von der Seite des Berges. Ich bin Willens, ihn auf alle Weise zu genießen; deswegen bin ich hergekommen; und wohl nicht absichtlich, um das Unwesen der Regierung und der Möncherei zu sehen.[50]

Die Herren des Klosters (in Messina) luden mich ein zum Fasttage bei ihnen zu essen. Dieses ist die einzige Mahlzeit, die ich in Italien bei Italienern genossen habe; und sie war stattlich. Von den übrigen Herren habe ich viel Höflichkeit erhalten, aber nichts zu essen. Das ist nun so die italienische Weise, die ich weder loben noch tadeln will. Das Kloster bestand nur aus wenigen Geistlichen: der Laienbrüder, welche die Bedienten machten, waren mehr. Man gab mir den Ehrenplatz und war sehr artig und ich sollte daher wohl dankbar sein: aber erst für Humanität – *magis amica veritas*. Ich habe mir die Gerichte gemerkt, und muss sie Dir hier nennen, damit Du siehst, wie man an einem sizilischen Klostertische fastet. Zum Eingang kam eine Suppe mit jungen Erbsen und jungem Kohlrabi; sodann kamen Makkaronen mit Käse; sodann eine Pastete von Sardellen, Oliven, Kapern und starken aromatischen Kräutern; ferner ein Kompott von Oliven, Limonen und Gewürz; ferner einige große herrliche goldgelbe Fische aus der See, die ich für die beste Art von Börsen hielt; weiter hochgewürzte vortreffliche Artischocken: das Dessert bestand aus Lattichsalat, den schönsten jungen Fenchelstauden, Käse, Kastanien und Nüssen: alles, und vorzüglich das Brot, war von der besten Qualität, und schon einzeln *quantum satis superque*. Vor allem habe ich die Kastanien nirgends so schön und so delikat gebraten gefunden. Nun frage ich Dich, heißt das nicht mit diesem Fasten einem ehrlichen Kerl mit aller Gewalt die Erbsünde in den Leib jagen? Bei dieser Diät muss man freilich orthodoxen Glauben gewinnen, der die Vernunft verachtet. Ich ging hinaus und lief einige Meilen am Strande herum, bis zur Charybdis hinunter; aber die frommen Gläubigen blieben zu Hause in der Gottseligkeit. Das nenne ich einen Fasttag: nun denke Dir den Festtag. Meine fußwandelnde Person war wohl nicht so wichtig, dass man deswegen eine Änderung in der Klosterregel sollte gemacht haben.[51]

8.

FRAUEN, KÜSSE
UND ANDERE GESTÄNDNISSE

In Prewald wohnte ich bei den drei Schwestern, die, wenn ich mich nicht irre, Herr Küttner schon nennt. Die Mädchen treiben eine gar drollige Wirtschaft, und ich befand mich bei ihnen leidlich genug. Zuerst waren sie etwas barsch und behandelten mich, wie man einen gewöhnlichen Tornistermann zu behandeln pflegt. Da sie aber eine goldene Uhr sahen und mit hartem Gelde klimpern hörten, wurden sie ziemlich höflich und sogar sehr freundlich. Zum Abendgesellschafter traf ich einen katholischen Feldprediger, der von Triest war, bei den Östreichern einige Zeit in Udine gestanden hatte und nun hier ganz allein bei den Mädchen gar gemächlich in Kantonnierung zu liegen schien. Eine von den Schwestern war noch ein ganz hübsches Stückchen Erbsünde, und hätte wohl einen ehrlichen Kerl etwas an die sechste Bitte erinnern können. Die erste Bekanntschaft mit den drei Personagen, ich nennte sie gerne Grazien, wenn ich nicht historisch zu gewissenhaft wäre, machte ich drollig genug in der Küche, wo sie sich alle drei auf Stühlen oben auf dem großen Herde um ein ziemlich starkes Feuer hergepflanzt und im Fond des hintern Winkels an der Wand den Mann Gottes hatten, der ihnen Hanswurstiaden so possierlich vormachte, dass alle drei aus vollem Halse lachten. Das war nun ein Jargon. Deutsch, Italienisch und Krainisch, von jeder dieser Sprachen die ästhetische Quintessenz, wie Du denken kannst, und ich verstand blutwenig davon. Indessen stellte ich mich so nahe als möglich, um von dem Feuer, wenn auch nicht der Unterhaltung doch des Herds meinen Anteil zu haben. Man nahm zuerst keine Notiz von mir, belugte mich sodann etwas neugierig und fuhr fort. Der geistliche Herr gewann mir bald die Rede ab und sprach erst rein italienisch, radbrechte dann deutsch und plauderte endlich das beste Mönchslatein. Da es hier darauf ankam, kannst Du glauben, dass ich mit meiner Gelehrsamkeit eben nicht den Filz machte, und der Mann fasste bald eine gar gewaltige Affektion zu mir, als ich glücklich genug einige Dinge aus dem Griechischen anführte, die er nur halb verstand. Nun empfahl er mich auch den schönen Wirtinnen sehr nachdrücklich, und ich hatte die Ehre ihn zum Tischgesellschafter zu erhalten. Die Mädchen staunten über unsere Gelehrsamkeit und hätten leicht zu viel Respekt bekommen können, wenn nicht der Mann zuweilen mit vieler Wendung eine tüchtige Schnurre mit eingeworfen hätte. Natürlich erhielt er durch das Lob, das er mir zukommen ließ, selbst im Hause ein neues Relief: wer den andern so laut und gründlich beurteilt, muss ihn durchaus übersehen können.

Wenn ich nicht aus der trophonischen Höhle gekommen, nicht sehr müde gewesen wäre und nicht den folgenden Morgen ziemlich früh fort gewollt hätte, wäre mir die lustige Unterhaltung des geistlichen Harlekins noch länger vielleicht nicht unlieb gewesen. Aber ich eilte zur Ruhe und ließ die Leutchen lärmen. Als ich den andern Morgen aufstand und fort wollte, fand ich in dem ganzen, großen, nicht übel eingerichteten Hause noch keine Seele lebendig. Die Türen waren nur von innen verriegelt und also für mich offen: aber wenn ich auch Schuft genug wäre, so schlechte Sottisen zu begehen, so könnte ich doch das Vertrauen so gutherziger Leutchen nicht missbrauchen. Ich trabte mit meinen schweren Stiefeln einige Male über den Saal weg; niemand kam, nirgends eine Bewegung. Ich klopfte an einige Zimmer; keine Antwort. Endlich kam ich an ein Zimmer, das nicht verschlossen war. Ich trat hinein, und siehe, das hübsche Stückchen Erbsünde hob sich so eben aus dem Bette und entschuldigte sich freundlich, dass noch Niemand im Hause wach sei. Weiß der Himmel, ob ich armes Menschenkind nicht in große Verlegenheit würde geraten sein, wenn sie nicht eben um ihre Schultern den Mantel geworfen hätte, den gestern Abend der geistliche Herr um die seinigen hatte. Der Mantel gab mir sogleich eine gehörige Dose Stoizismus; ich bezahlte meine Rechung und trollte zum Tempel hinaus.[52]

Die Venezianer sind übrigens im Allgemeinen höfliche, billige, freundschaftliche Leute, und ich habe von Vielen Artigkeiten genossen, die ich in meinem Vaterlande nicht herzlicher hätte erwarten können. Einen etwas schnurrigen Auftritt hatte ich vor einigen Tagen auf dem Markusplatze. Man hatte mich beständig in dem nämlichen Reiserocke, (die Ursache war, weil ich keinen andern hatte, da ich keinen andern im Tornister tragen wollte,) an den öffentlichen Orten der Stadt herumlaufen sehen, und doch gesehen, dass ich mit einem Lohnbedienten lief und Liren verzehrte. Ich zahlte dem Bedienten jeden Abend sein Geld, wenn ich ihn nicht mehr brauchte; dieses geschah diesen Abend, da es noch ganz hell war, auf dem Markusplatze. Einige Mädchen der Aphrodite Pandemos mochten bemerkt haben, dass ich bei der Abzahlung des Menschen eine ziemliche Handvoll silberner Liren aus der Tasche gezogen hatte, und legten sich, als der Bediente fort war und ich allein gemächlich nach Hause schlenderte, ganz freundlich und gefällig an meinen Arm. Ich blieb stehen und sie taten das nämliche. Man gruppierte sich um uns herum, und ich bat sie höflich, sich nicht die Mühe zu geben mich zu inkommodieren. Sie fuhren mit ihrer artigen Vertraulichkeit fort, und ich ward ernst. Sie waren beide ganz hübsche Sünderinnen, und trugen sich ganz niedlich und anständig mit der feineren Klasse. Ich demonstrierte in meinem gebrochenen Italienisch so gut ich konnte, sie möchten mich in Ruhe lassen. Es half nichts; die Gesellschaft in einiger Entfernung lächelte, und Einige lachten sogar. Die Gruppe mochte allerdings possierlich genug sein. Eine von den beiden Nymphchen schmiegte sich endlich so schmeichelnd als möglich an mich an. Da ward ich heiß und fing an in meinem stärksten Basstone auf gut Russisch zu fluchen, mischte so etwas von *Impudenza* und *senza vergogna* dazu, und stampfte mit meinem Knotenstocke so emphatisch auf das Pflaster, dass die Gesellschaft sich schüchtern zerstreute und die erschrockenen Geschöpfchen ihren Weg gingen.[53]

Noch einmal habe ich (von Palermo aus) die Promenade auf den Monte Pellegrino gemacht, als ob ich auch ein heiliger Pilger wäre. Mich lockte bloß die Aussicht, wie wohl auch die meisten andern Pilger bloß irgendeine Aussicht locken mag. Das Wetter war mir wieder nicht günstig; ich ließ mich indessen nicht abhalten, und stieg bis ziemlich auf den höchsten Gipfel des Felsenbergs hinauf. Wo das Kloster steht, ist ein Absatz von etwas fruchtbarem Erdreich, das noch sehr gutes Getreide hält. Ich ging hinaus bis an die äußerste Spitze, wo eine Kapelle der heiligen Rosalia steht mit ihrem Bilde, das füglich etwas besser sein sollte. Die Fremden aller Länder hatten sich hier verewigt und mir wenig Platz gelassen. Alles war voll, und Stirn und Wange und Busen des heiligen Rosenmädchens waren beschrieben; es blieb mir also nichts übrig als ihr meinen Namen auf die Nasenspitze zu setzen. Vielleicht dachte jeder durch Aufsetzung seines Namens das Gemälde zu verbessern; die Nasenspitze ist wenigstens durch den meinigen nicht verdorben worden: und dieses ist das einzige Mal, dass ich auf der ganzen Wandlung meinen Namen geschrieben habe, wenn mich nicht die Polizei dazu nötigte.

Zwischen diesem isolierten Felsen und der höheren Bergkette liegt ein herrliches kleines Tal, das sich von der Stadt immer enger bis an die See vorzieht. Es ist von der Natur reichlich gesegnet, und der Fleiß könnte noch mehr gewinnen. Hier muss nach der Topographie das Städtchen Hykkara gelegen haben, aus welchem Nicias die schöne Lais holte und nach Griechenland brachte. Weiter hinaus suchte ich mit meinen Hofmannischen Augen den Eryx bei Trapani, und knüpfte in vielen schnellen Übergängen Wieland, Aristipp, und die erycinische Göttin zusammen. Weiß der Himmel, wie ich in diesem Thema auf den Hudibras kam; die Ideenverbindung mag wohl etwas schnell und gesetzlos gewesen sein, und ich halte es nicht für wichtig genug sie wieder aufzusuchen. Ich guckte also hin nach Trapani und sang oder murmelte vielmehr nach einer beliebten Melodie aus Mozarts Zauberflöte die schönen harmonischen Verse von Butler, die ich immer für ein Meisterstück der Knittelrhythmik gehalten habe. Sie passten vortrefflich zur Melodie des Vogelfängers. Also ich brummte:

So learned Taliacotius from
The brawny part of porters bum
Cut supplemental noses, which
Would last as long as parent breech;
And as the date of Knock was out,
Off dropt the sympathetic snout.

Ich hatte in meinem musikalischen Enthusiasmus nicht auf den Weg Achtung gegeben; und kaum hatte ich die letzte Zeile gesungen und wollte die erste wieder anfangen, so fiel ich auf die Nase, welches mir selbst auf dem Aetna nicht begegnet war, wo doch die Landsleute Butlers in ihren Strümpfen alle sehr oft zu Falle kamen. Hatte vielleicht die Göttin von Amathunt und vom Eryx die Profanation rächen wollen; die Nase blutete mir. Besser die Nase, als das Herz, dachte ich. Auch dieses war mir wohl ehedem etwas enge gewesen; jetzt war ihm längst wieder leicht. Ich hatte aus Gewohnheit noch ein kleines, niedliches Madonnenbildchen an einer seidenen Schnur am Halse hangen, das mir oft das Prädikat der Katholizität erworben hatte. Das Original hatte mich königlich betrogen. Jetzt nahm ich es unwillkürlich von der linken Seite, nach welcher sich das Idolchen immer neigte, schloss unwillkürlich das Glas auf, nahm das elfenbeinerne Täfelchen heraus und erschrak, als ich es heftig unwillkürlich in zehen Stücke zersplittert zwischen dem Daumen hielt. War das lauter Rache Rosaliens und der vom Eryx? Mögen sie sich an niemand bitterer rächen! Ich hielt die Trümmerchen in der Hand; Freund Schnorr mag verzeihen: er hatte mit Liebe an dem Bildchen gepinselt. Einige Minuten hielt mich Phantasus noch mit Wehmut am Original; ich saß auf einem Felsenstücke des Erkta, und sah es im Geist an der Spree im goldenen Wagen rollen. Rolle zu; und so flogen die Stücke mit der goldenen Einfassung den Abgrund hinunter. Ehemals wäre ich dem Bildchen nachgesprungen; noch jetzt dem Original. Aber ich stieg nun ruhiger den Schneckengang nach der Königsstadt hinab; die rötlichen Wölkchen vom Aetna her flockten lieblich mir vor den Augen. Ich vergaß das Gemälde; möge es dem Original wohl gehen![54]

Zweimal war ich nahe an dem Entschlusse, mich dem Tode zu geben, beide Male für ein Weib oder aus Wahnsinn für sie. Das erste Mal hing die Ausführung von einem kleinen bedingten Umstande ab, der nicht eintrat; das zweite Mal überwog der Gedanke an meine Mutter, also nicht ganz reine Vernunft. Hätte ich den Entschluss gefasst gehabt, so hätte ich ihn ausgeführt; denn ich führe jeden Entschluss aus, den ich fasse, und Niemand kann sagen: »Das hast Du gesagt und nicht getan.«[55]

Noch muss ich Dir bemerken, dass ich in Mailand von ganz Italien nach meinem Geschmack die schönsten Weiber gefunden habe: auch den Korso in Rom nicht ausgenommen. Ich urteile nach den Promenaden, die hier sehr volkreich sind, und nach den Schauspielen. Hier im Hause hatte ich nun vermutlich, wie in Italien oft, das Unglück, für einen reichen Sonderling zu gelten, den man nach seiner Weise behandeln müsse. Ich mochte in Unteritalien und Sizilien oft protestieren so viel ich wollte, und meine Deutschheit behaupten, so war ich *Signor Inglese* und *Eccellenza*; und man machte die Rechnung darnach. So etwas mochte man auch nach verjüngtem Maßstabe in Mailand denken. Die Industrie ist mancherlei. Ich saß an einem Sonntag Morgens recht ruhig in meinem Zimmer und las wirklich zufällig etwas in den Libertinagen Katulls; da klopfte es und auf meinen Ruf trat ein Mädchen ins Zimmer, das die sechste Bitte auch ohne Katull stark genug dargestellt hätte. Die junge, schöne Sünderin schien ihre Erscheinung mit den feinsten Hetärenkünsten berechnet zu haben. Ich will durch ihre Beschreibung mein Verdienst weder als Stilist noch als Philosoph zu erhöhen suchen. *Signore comanda qualche cosa?* fragte sie in lieblich lispelndem Ton, indem sie die niedliche Hand an einem

Körbchen spielen ließ und Miene machte es zu öffnen. Ich sah sie etwas betroffen an und brauchte einige Augenblicke, ehe ich etwas unschlüssig *No* antwortete. *Niente?* fragte sie, und der Teufel muss ihr im Ton Unterricht gegeben haben. Ich warf den Katull ins Fenster und war höchst wahrscheinlich im Begriff eine Sottise zu sagen oder zu begehen, als mir schnell die ernstere Philosophie still eine Ohrfeige gab. *Niente*, brummte ich grämelnd, halb mit mir selbst in Zwist; und die Versucherin nahm mit unbeschreiblicher Grazie Abschied. Wer weiß, ob ich nicht das Körbchen etwas näher untersucht hätte, wenn die Teufelin zum dritten Mal mit der nämlichen Stimme gefragt hätte, ob gar nichts gefiele. So war die Sache, mein Freund; und wäre sie anders gewesen, so bin ich nicht so engbrüstig und könnte sie Dir anders oder gar nicht erzählt haben.[56]

Jetzt habe ich 44 Jahre, gut gezählt, und die Geschlechtsanmutung ist gewaltig stark, stärker als jemals. Je älter ich werde, desto schöner sind die Mädchen. Soll ich meine Narrheiten in der Periode der Weisheit machen? Ich muss mich auf magere Diät setzen und Anatomie studieren.[57]

9.

ÜBER KÜNSTLER UND DIE (SCHÖNEN) KÜNSTE

Oft pflegte ich und pflege noch jetzt halb im Scherz, halb im Ernste zu sagen: Was ich Gutes an und in mir habe, verdanke ich meiner Mutter und dem Griechischen. Die dicken Ausgaben mit einem Sumpfe von Noten waren mir als Zeitverderber verhasst, und meine Meinung, wer mit gehörigen Sprachkenntnissen noch eine große Erklärung einer Horazischen Ode braucht, für den hat Horaz gar nicht geschrieben. Die schönsten Stellen sind immer die einfachsten, und es ward mein ästhetisches Glaubensbekenntnis: Wer nicht in wenig Worten ein rührendes Gedicht, in wenig Strichen eine schöne Zeichnung und in wenig Takten eine vielwirkende Musik hervorbringe, sei nie der Liebling der Musen gewesen.[58]

Das Zwielicht ist der Raum des Dichters und der Kunst überhaupt. Wo die Vernunft an die Sinnlichkeit und die Sinnlichkeit an die Vernunft grenzt, ist der Mensch in seinem schönsten Spiele. Vernunft ohne Sinnlichkeit scheint nicht mehr menschlich zu sein, und Sinnlichkeit ohne Vernunft ist es gewiss nicht. Stimmung für die Kunst und Genuss in derselben ist also der Stempel der Humanität. Die Sinnlichkeit mag darin herrschen, aber die Vernunft hat ihr die Herrschaft übertragen: und sie herrsche so, dass ihre Kommittentin die Vollmacht nicht zurücknimmt![59]

Jetzt ist meine Seele voll von einem einzigen Gegenstande, von Canovas Hebe. Ich weiß nicht, ob Du die liebenswürdige Göttin dieses Künstlers schon kennst; mich wird sie lange, vielleicht immer beherrschen. Fast glaube ich nun, dass die Neuen die Alten erreicht haben. Sie soll eins der jüngsten Werke des Mannes sein, die ewige Jugend. Sie steht in dem Hause Alberici, und der Besitzer scheint den ganzen Wert des Schatzes zu fühlen. Er hat der Göttin einen der besten Plätze, ein schönes, helles Zimmer nach dem großen Kanal, angewiesen. Ich will, ich darf keine Beschreibung wagen; aber ich möchte weissagen, dass sie die Angebetete der Künstler und ihre Wallfahrt werden wird. Noch habe ich die Mediceerin nicht gesehen, aber nach allen guten Abgüssen von ihr zu urteilen, ist hier für mich mehr als alle *veneres cupidinesque.*

Ich stand von süßem Rausche trunken,
Wie in ein Meer von Seligkeit versunken,
Mit Ehrfurcht vor der Göttin da,
Die hold auf mich herunter sah,
Und meine Seele war in Funken:
Hier thronte mehr als Amathusia.
Ich war der Sterblichkeit entflogen,
Und meine Feuerblicke sogen
Aus ihrem Blick Ambrosia
Und Nektar in dem Göttersaale;
Ich wusste nicht, wie mir geschah | ... |.

Du denkst wohl, dass ich bei dem marmornen Mädchen etwas außer mir bin; und so mag es allerdings sein. Der Italiener betrachtete meine Andacht ebenso aufmerksam, wie ich seine Göttin. Diese einzige Viertelstunde hat mir meine Reise bezahlt; so ein sonderbar enthusiastischer Mensch bin ich nun zuweilen. Es ist die reinste Schönheit, die ich bis jetzt in der Natur und in der Kunst gesehen habe; und ich verzweifle selbst mit meinem Ideale höhersteigen zu können. Ich muss Canovas Hände küssen, wenn ich nach Rom komme, wo er, wie ich höre, jetzt lebt. Das goldene Gefäß, die goldene Schale und das goldene Stirnband haben mich gewiss nicht bestochen; ich habe bloß die Göttin angebetet, auf deren Antlitz alles, was der weibliche Himmel Liebenswürdiges hat, ausgegossen ist. | ... |

Mit der Mediceischen Venus ist es mir sonderbar genug gegangen. Ich wünschte vorzüglich auf meiner Pilgerschaft auch dieses Wunderbild zu sehen, und es ist mir nicht gelungen. | ... | Soviel ich Abgüsse davon gesehen habe, keiner hat mich befriediget. Sie ist, nach meiner Meinung, wohl keine himmlische Venus, sondern ein gewöhnliches Menschenwesen, das die Begierden vielleicht mehr reizen als beschwichtigen kann. Mir kommt es vor, ein Künstler hat seine schöne Geliebte zu einer Anadyomene gemacht; das Werk ist ihm ungewöhnlich gelungen: das ist das Ganze. Über die Stellung sind alle Künstler, welche Erfahrung haben, einig, dass es die gewöhnlichste ist, in welche sich die Weiblichkeit setzt, sobald das letzte Stückchen Gewand fällt, ohne je etwas von der Kunst gehört zu haben. Ich selbst hatte einst ein eigenes ganz naives Beispiel davon, das ich Dir ganz schlicht erzählen will. Der Russische Hauptmann Graf Dessessarts – Gott tröste seine Seele, er ist, wie ich höre, an dem Versuche in Quiberon gestorben, den ich ihm nicht geraten habe – er und ich, wir gingen einst in Warschau in ein Bad an der Weichsel. Dort fanden sich, wie es zu gehen pflegt, gefällige Mädchen ein, und eine junge, allerliebste, niedliche Sünderin von ungefähr sechszehn Jahren brachte uns den Tee, um wahrscheinlich auch gelegenheitlich zu sehen, ob Geschäfte zu machen wären. Wir waren beide etwas zu ernsthaft. Das arme artige Geschöpfchen dauert mich, sagte der Graf; aber der Franzose konnte doch seinen Charakter nicht ganz verleugnen. *Je voudrois pourtant la voir toute entière*, sagte er, und machte ihr den Vorschlag und bot viel dafür. Das Mädchen war verlegen und bekannte, dass sie für einen Dukaten in der letzten Instanz gefällig sein würde; aber zur Schau wollte sie sich nicht verstehen. Mein Kamerad verstand seine Logik, brachte mit feiner Schmeichelei ihre Eitelkeit ins Spiel, und sie gab endlich für die doppelte Summe mit einigem Widerwillen ihr Modell. Sobald die letzte Falte fiel, warf sie sich in die nämliche Stellung. *Voilà la coquine de Medicis!* sagte der Graf. Es war ein gemeines polnisches Mädchen mit den Geschenken der Natur, die für ihren Hetärensold sich nur etwas reizend gekleidet hatte; eine Wissenschaft, in der Polinnen vielleicht den Pariserinnen noch Unterricht geben könnten. |...|

Es ist vielleicht doch auch jetzt noch keine unnütze Frage, ob Moralität und reiner Geschmack nicht leidet durch die Aufstellung des ganz Nackten an öffentlichen Orten. Der Künstler mag es zu seiner Vollendung brauchen, muss es brauchen: aber mir deucht, dass Sokrates sodann seine Grazien mit Recht bekleidete. Kabinette und Museen sind in dieser Rücksicht keine öffentlichen Orte; denn es geht nur hin, wer Beruf hat und wer sich schon etwas über das Gewöhnliche hebt. Sonst bin ich dem Nackten in Gärten und auf Spaziergängen eben nicht hold, ob mir gleich die Feigenblätter noch weniger gefallen. Empörend aber ist es für Geschmack und Feinheit des Gefühls, wenn man in unserm Vaterlande in der schönsten Gegend das hässlichste Bild der Aphrodite Pandemos mit den hässlichsten Attributen zuweilen aufgestellt sieht. Das heißt die Sittenlosigkeit auf der Straße predigen; und bloß ein tiefes Gefühl für Freiheit und Gerechtigkeit hat mich gehindert, die schändlichen Missgeburten zu zertrümmern oder in die Tiefe des nahen Flusses zu stürzen.[60]

Die Peterskirche gehört eigentlich der ganzen Christenheit, und die Hierarchie würde vielleicht gern das enorme Werk vernichtet sehen, wenn sie das unselige Schisma wieder heben könnte, das über ihrem Bau in der christlichen Welt entstanden ist. Etwas mehr gesunde Moral und Mäßigung hätte damals die Päpste mit Hilfe des abergläubischen Enthusiasmus zu Herren derselben gemacht: diese Gelegenheit kommt nie wieder. Ob die Menschheit dadurch gewonnen oder verloren hätte, ist eine schwere Frage. Es ist, als ob man der stillen Größe der alten Kunst mit diesem herkulischen Bau habe Hohn sprechen wollen. Du kennst das Pantheon als den schönsten Tempel des Altertums. Stelle Dir vor, einen verhältnismäßigen ungeheuern Raum, als die Area des Heiligentempels, zu einer großen Höhe aufgeführt, und oben das ganze Pantheon als Kuppel darauf gesetzt, so hast Du die Peterskirche. Das Riesenmäßige hat man erreicht. Wir saßen in dem Knopfe der Kuppel: unser drei, und übersahen die gefallene Roma. Diese Kirche wird einst mit ihrer Kolonnade die größte Ruine von Rom, so wie Rom vielleicht die größte Ruine der Welt ist.[61]

Vor allen Dingen besuchte ich (in Mailand) noch das berühmte Abendmahlsgemälde von Leonardo da Vinci in dem Kloster der heiligen Maria. Das Kloster ist jetzt leer, und das Refektorium, wo das Gemälde an der Wand ist, war während der Revolution, wie man sagt, einige Zeit sogar ein Pferdestall. Das Stück ist einige Mal restauriert. |...| Ich sage nichts von dem schönen Charakter der übrigen Jünger; mit vorzüglich feinem Urteil hat der Maler den Säckelmeister Judas Ischariot behandelt, damit er die ehrwürdige Gesellschaft nicht durch zu grellen Kontrast schände. Auch der Geist des Mannes ist nicht verfehlt. Er sitzt da, wie ein kühner, tiefsinniger, mit sich selbst nicht ganz unzufriedner Finanzminister, der einen großen Streich wagt: er rechnete für die Gesellschaft, nicht für sich. Auch psychologisch ist Ischariot noch kein Bösewicht; nur ein Unbesonnener. Ein Bösewicht hätte sich nachher nicht getötet. Er glaubte, der Prophet würde sich mit Ehre retten. Ich möchte freilich nicht Judas sein und meinen Freund auf diese Weise in Gefahr setzen: aber vielleicht eben nur darum nicht, weil ich nicht so viel Glauben habe als er.[62]

Mein erster Gang, als ich ins Museum im Louvre kam, war zum Laokoon. Ich hatte in Dresden in der Mengsischen Sammlung der Abgüsse und in Florenz bei der schönen Kopie des Bandinelli einen Zweifel aufgefangen, den man mir dort nicht lösen konnte. Man sagte mir, es sei so im Original; und das konnte ich nicht glauben, oder ich beschuldigte den alten großen Künstler eines Fehlers. Die Sache war, das linke Bein, um welches sich an der Wade mit großer Gewalt die Schlange windet, war im Abguss und in der Marmorkopie durchaus gar nicht eingedrückt. Ich weiß wohl, dass die große Anstrengung der Muskeln einen tiefen Eindruck verhindern muss: aber eine solche Bestie, wie diese Schlange war, und auf dem Kunstwerk ist, musste mit ihrer ganzen Kraft der Schlingung den Eindruck doch ziemlich merklich machen. Hier sah ich die Ursache der Irrung auf einen Blick. Das Bein war an der Stelle gebrochen, und so auch die Schlange; man hatte die Stücke zusammengesetzt: aber eine kleine Vertiefung der Wade unter der Pressung war auch noch im Bruche sichtbar. Beim Abguss und der Kopie scheint man darauf nicht geachtet zu haben, und hat die Wade im Druck der Schlange so natürlich voll gemacht, als ob sie nur durch einen seidenen Strumpf gezogen würde. Ich überlasse das Deiner Untersuchung und Beurteilung; mir kommt es vor, als ob die so verschönerte Wade deswegen nicht schöner wäre.

Den Apollo von Belvedere will man jetzt, wie ich höre, zum Nero dem Sieger machen. Klassische Stellen hat man wohl für sich, dass Nero in dieser Gestalt existiert haben könne; es kommt darauf an, dass man beweise, er sei es wirklich. Es wäre Schade um das schöne, hohe Ideal der Künstler, wenn seine Schöpfung eine solche Veranlassung sollte gehabt haben. Indessen bin ich fast in Gefahr, in der Miene und besonders um den Mund des Gottes etwas Neronisches zu finden. | ... |

In Versailles war ich zweimal; einmal allein, um mich umzusehen; das zweite Mal in Gesellschaft mit Landsleuten, als die Wasser sprangen. In Paris sah man alles unentgeltlich, und überall war zuvorkommende Gefälligkeit: in Versailles war durchaus eine Begehrlichkeit, die gegen die Pariser Humanität sehr unangenehm abstach. Ich zahlte einem Lohnlakai für zwei Stunden einen kleinen Taler; darüber murrte er und verlangte mehr. Ich gab dem Mann in den ehemaligen Zimmern des Königs dreißig Sous; dafür war er nicht höflich. Alles war teurer und schlechter, und alle Gesichter waren mürrischer. Das scheint mir nun so die eingewurzelte Natur des alten Hofwesens zu sein. Du wirst mir die Beschreibung der Herrlichkeiten erlassen. Unten das Naturalienkabinett ist sehr artig, und enthält mehrere Kuriositäten, muss aber freilich viel verlieren, wenn man einige Tage vorher den botanischen Garten in Paris gesehen hat. Eine eigene Erscheinung ist in dem hintersten Zimmer eine Zusammenhäufung der Idole der verschiedenen Kulten des Erdbodens. Darunter stand auch noch das Kreuz, und mich wundert, dass man es nach Abschließung des Konkordats noch nicht wieder von hier weggenommen hat, da es doch sonst durchaus wieder in seine Würde gesetzt ist.[63]

Ich hatte gewünscht, David zu sehen, hörte aber in Paris so viel problematisches über seinen Charakter dass mir die Lust verging. Ich sah ihn nur ein einziges Mal in seinem kleinen Garten am Louver, und sein Anblick lud mich nicht ein, Versuche zu machen, ihm näher zu kommen. Das tat mir leid; denn ich finde in dem Manne sonst vieles, was mich hingezogen hätte. Aber reine Moralität ist das erste, was ich von dem Manne fordere, den ich zu sehen wünschen soll. Vielleicht tut man dem strengen, etwas finstern Künstler auch etwas zu viel; desto besser für ihn und für uns alle. Sein Sohn hatte die Höflichkeit, mich in das Atelier seines Vaters zu führen, wo Brutus der Alte steht, ein herrliches Trauerstück.[64]

Hier (in Neapel) besuchte ich auch Virgils Grab. Die umständliche Beschreibung mag Dir ein Anderer machen. Es ist ein romantisches, idyllisches Plätzchen; und ich bin geneigt zu glauben, der Dichter sei hier begraben gewesen, die Urne mag nun hingekommen sein, wohin sie wolle. Das Gebäudchen ist wohl nichts anderes als ein Grab, nicht weit von dem Eingange der Grotte Posilippo, und eine der schönsten Stellen in der schönen Gegend. Ich weiß nicht, warum man sich nun mit allem Fleiß bemüht, den Mann auf die andere Seite der Stadt zu begraben, wo er nicht halb so schön liegt, wenn auch der Vesuv nicht sein Nachbar wäre. Ich bin nicht Antiquar; aber die ganze Behauptung, dass er dort auf jener Seite liege, beruht doch wohl nur auf der Nachricht, er sei am Berge Vesuv begraben worden. Das ist er aber auch, wenn er hier liegt; denn der Berg ist gerade gegenüber: in einigen Stunden war er dort, wenn er zu Lande ging, und setzte er sich in ein Boot, so ging es noch schneller. | ... | Ich will nun auch einmal glauben; man hat für manchen Glauben weit schlechtere

Gründe: und also glaube ich, dass dieses Maros Grab sei. Den Lorbeer suchst Du nun umsonst; die verkehrten Afterverehrer haben ihn so lange bezupft, dass kein Blättchen mehr davon zu sehen ist. Ich nahm mir die Mühe hinaufzusteigen, und fand nichts als einige wildverschlungene Kräuter. Der Gärtner beklagte sich, dass die gottlosen vandalischen Franzosen ihm den allerletzten Zweig des heiligen Lorbeers geraubt haben. Dichter müssen es nicht gewesen sein: denn davon wäre doch wohl etwas in die Welt erschollen, dass der Lorbeer von dem Lateiner neuerdings auf einen Gallier übergegangen sei. Vielleicht schlägt er für die Gläubigen am Grabe des Mantuaners wieder aus. Man sollte wenigstens zur Fortsetzung der schönen Fabel das seinige beitragen; ich gab dem Gärtner geradezu den Rat.[65]

In Zürich möchte ich wohl leben: das Örtliche hat mir selten anderwärts so wohl gefallen. Ich trug einen Brief aus Rom zu Madame Geßner, der Witwe des liebenswürdigen Dichters, und ging von ihr hinaus an das Monument, das die patriotische Freundschaft dem ersten Idyllensänger unserer Nation errichtet hat, an dem Zusammenflusse der Siehl und der Limmat. Das Plätzchen ist idyllisch schön, und ganz in dem Geiste des Mannes, den man ehren wollte; und der Künstler, sein Landsmann, hat die edle Einfalt nicht verfehlt, welche hier erfordert wurde. Akazien, Platanen, Silberpappeln und Trauerweiden umgeben den heiligen Ort.[66]

Ich konnte nicht umhin, Dir hier einige Worte über unsere deutschen Landsleute auf der Bühne zu sagen. Es wäre wohl zu wünschen, dass sie etwas von der Delikatesse der Welschen hierin hätten oder lernten. Das ist bei uns ein ewiges Küssen und sogar Schmatzen auf den Brettern bei jeder Gelegenheit. Wenn man glaubt, dass dieses eine schöne ästhetische Wirkung tun müsse, so irrt man sich vermutlich; wenigstens für mich muss ich bekennen, dass mir nichts langweiliger und peinlicher wird, als eine solche Zärtlichkeitsszene. Ein Kuss ist alles, und ein Kuss ist nichts; und hier ist er weniger als nichts, wenn er so seine Bedeutung verliert. Er gehört durchaus zu den Heimlichkeiten der Zärtlichkeit in der Freundschaft wie in der Liebe, und wird hier entweiht, wenn er vor die Augen der Profanen getragen wird. Ich weiß die Einwürfe; aber ich kann hier keine Abhandlung schreiben, sie alle zu beantworten. Der Italiener weiß durch die feinen Nüanzen der Umarmung mehr zu wirken, als wir durch unsere Küsse.[67]

Vorzüglich merkwürdig war mir in Pawlowsk noch die Musik in der Kapelle. Es ist die einzige Kirchenmusik, die ich in meinem Leben gehört habe, die ganz den reinen Charakter des Ernstes, der Würde und der hohen Andacht hatte, die der Religion zukommen. Alle Augenblicke kommen mir bei uns in den Kirchen musikalische Gänge vor, die mich glauben lassen, ich sei in der Oper. Wenn auch vielleicht Viele die Kirche für die Oper nehmen, so irren sie doch sehr, wenn sie das Gefühl hier auf die nämliche Art behandelt wissen wollen. Mir ist nichts heiliger als hohe, reine, wahre Religion, und desto heiliger, je seltener ich sie finde. Das Verdienst, die Musik hier zu dem Zwecke der Religion so glücklich gestimmt zu haben, hat ein einziger Mann, dessen Name mir wieder entfallen ist; aber er hat meine Verehrung in einem ebenso hohen Grade als Mozart, den ich für den größten Musikus außer der Kirche halte.[68]

10.

Vater Staat, Mutter Kirche und politisch-ökonomische Weisheiten

Wer den Stempel hat, schlägt die Münze. Wer für sich noch etwas hofft oder fürchtet, darf die Fühlhörner nicht aus seiner Schale hervorbringen. Man sollte nie sagen, die Fürsten oder ihre Minister sind schlecht, wie man es so oft hört und liest; sondern, hier handelt *dieser* Fürst ungerecht, widersprechend, grausam; und hier handelt *dieser* Minister als isolierter Plusmacher und Volkspeiniger. Dergleichen Personalitäten sind notwendige heilsame Wagstücke für die Menschheit, und wenn sie von allen Regierungen als Pasquille gebrandmarkt würden. Das Ganze besteht nur aus Personalitäten, guten und schlechten. Die Sklaven haben Tyrannen gemacht, der Blödsinn und der Eigennutz haben die Privilegien erschaffen, und Schwachheit und Leidenschaft verewigen beides. Sobald die Könige den Mut haben werden, sich zur allgemeinen Gerechtigkeit zu erheben, werden sie ihre eigene Sicherheit gründen und das Glück ihrer Völker durch Freiheit notwendig machen. Aber dazu gehört mehr als Schlachten gewinnen. Bis dahin wird und muss es jedem rechtschaffenen Manne von Sinn und Entschlossenheit erlaubt sein, zu glauben und zu sagen, dass alter Sauerteig alter Sauerteig sei.

Man findet es vielleicht sonderbar, dass ein Mann, der zwei Mal gegen die Freiheit zu Felde zog, einen solchen Ton führt. Die Enträtselung wäre nicht schwer. Das Schicksal hat mich gestoßen. Ich bin nicht hartnäckig genug, meine eigene Meinung stürmisch gegen Millionen durchsetzen zu wollen: aber ich habe Selbstständigkeit genug, sie vor Millionen und ihren Ersten und Letzten nicht zu verleugnen.[69]

Ich habe eine ewige Regel, deren Richtigkeit ich mir nicht abstreiten lasse. Wer in dem Dienst des Staats reich wird, kann kein Mann von edelm Charakter sein. Jeder Staat besoldet seine Diener nur so, dass sie anständig leben und höchstens einen Sicherheitspfennig sparen können: aber zum Reichtum kann es auf eine ehrenvolle Weise durchaus keiner bringen. Es gibt nach meiner Meinung nur zwei rechtliche Wege zum Reichtum, nämlich Handel und Ökonomie; einige wenige Glücksfälle ausgenommen. Ist der Staatsdiener zugleich Handelsmann, so hört er eben dadurch auf, einem wichtigen Posten gut vorzustehen.[70]

Man sagt wohl, Italien sei ein Paradies von Teufeln bewohnt: das heißt der menschlichen Natur Hohn gesprochen. Der Italiener ist ein edler, herrlicher Mensch; aber seine Regenten sind Mönche oder Mönchsknechte; die meisten sind Väter ohne Kinder: das ist Erklärung genug. Überdies ist es der Sitz der Vergebung der Sünde.

Ich will nur machen, dass ich hinauskomme, sonst denkst Du, dass ich beißig und bösartig geworden bin. Die Partien rundherum (um Rom) sind ohne mich bekannt genug: ich habe die meisten, allein und Gesellschaft, in der schönsten Jahrszeit genossen. Man kann hier sein und sich wohl befinden, nur muss man die Humanität zu Hause lassen. |…|

Der Berg von Florenz aus ist ein wahrer Garten bis fast auf die größte Höhe. Du kannst denken, dass ich viel zu Fuße ging |…|. Etwas unheimisch machen es oben auf dem Bergrücken die vielen Kreuze, welche bedeuten, dass man hier jemand totgeschlagen hat, weil man gewöhnlich auf die Gräber Kreuze setzt. Die Römer sind in diesem Falle etwas weniger fromm und politischer, und setzen nichts darauf; denn sonst würde der ganze Weg bei ihnen eine Allee von Kreuzen sein. Ich muss Dir bekennen, dass ich von dem Kreuze gar nicht viel halte. Warum nimmt man nicht etwas besseres aus der Bibel? Das Emblem scheint von der geistlichen und weltlichen Despotie in Gemeinschaft erfunden zu sein, um alles kühne Empor-streben der Menschennatur zur knechtischen Geduld nie-derzudrücken, und diese subalterne Tugend zur höchsten Vollkommenheit der Moral zu erheben. Wozu braucht man Gerechtigkeit, Großmut und Standhaftigkeit? Man predigt Geduld und Demut. Demut ist nach der Etymolo-gie Mut zu dienen, und die zweideutigste aller Tugenden. In der alten griechischen und römischen Moral findet man diese Tugend nicht; und die Einführung ist eben kein Vorzug der christlichen. Sie kann nur im Evangelium der Despoten stehen, welche sie aber für sich selbst doch sehr entbehrlich finden. Es ist freilich auch philosophisch besser, Unrecht leiden als Unrecht tun; aber es gibt ein Drittes, das vernünftiger und edler ist als beides: mit Mut und Kraft verhindern, dass durchaus kein Unrecht gesche-he. In unserm lieben Vaterlande hat man das Kreuz zwar meistens weggenommen, aber dafür den Galgen hinge-setzt. So schlecht auch dieser ist, kommt er mir doch noch etwas besser vor. Das Kreuz verhält sich zum Galgen, wie die Mönche zu den Soldaten: die ersten sind Instrumente und die zweiten Handlanger der geistlichen und weltlichen Despotie; die permanente Guillotine der Vernunft. Chris-tus hat gewiss seiner Religion keinen so jämmerlichen Anstrich geben wollen, als sie nachher durch ihre unglücklichen Bonzen bekommen hat. Freilich, wenn man den Gekreuzigten nicht an allen Feldwegen zeigte, könnte es doch wohl der Menge einfallen, ihre Urbefugnisse etwas näher zu untersuchen und zu finden, dass keine Konsequenz darin ist, sich durch den Druck des Feudalsystems und durch das Privilegienwesen ohne Aufhören kreuzigen zu lassen. Berechnet ist es ziemlich gut, wenn es nur gut wäre.[71]

Weist nur die Menschen in den Himmel, wenn Ihr sie um alles Irdische königlich betrügen wollt![72]

Religion heißt etymologisch vernünftige Überlegung, Paradies ein Park, Glaube eine vernünftige Überzeugung, Seligkeit das Wohlbefinden, Verdammnis die Entschädigung u. s. w. Was die heilige Mystik nicht für Popanze aus den Begriffen geschaffen hat! Soll man sich nun davon einschrecken lassen? *Mihi religio est.*[73]

Die Etymologie ist eine gefährliche Feindin der Theosophen.[74]

Man sieht auch hier in der Residenz (in Wien) nichts als Papier und schlechtes Geld. Das Lenkseil mit schlechtem Gelde ist bekannt; man führt daran, so lange es geht. Das Kassenpapier ist noch das unschuldigste Mittel die Armut zu decken, so lange der Kredit hält. Aber nach meiner Meinung ist für den Staat nichts verderblicher, und in dem Staat nichts ungerechter als eigentliche Staatspapiere, so wie unsere Staaten jetzt eingerichtet sind. Eingerechnet unsere Privilegien und Immunitäten, die freilich ein Widerspruch des öffentlichen Rechts sind, zahlen die Ärmeren fast durchaus fünf Sechsteile der Staatsbedürfnisse. Die

Inhaber der Staatspapiere, sie mögen Namen haben wie sie wollen, gehören aber meistens zu den Reichen, oder wohl gar zu den Privilegiaten. Die Interessen werden wieder aus den Staatseinkünften bezahlt, die meistens von den Ärmern bestritten werden. Ein beliebter Schriftsteller wollte vor kurzem die Wohltätigkeit der Staatsschulden in Sachsen dadurch beweisen, weil man durch dieses Mittel sehr gut seine Gelder unterbringen könne. Nach diesem Schlusse sind die Krankheiten ein großes Gut für die Menschheit, weil sich Ärzte, Chirurgen und Apotheker davon nähren. Ein eigener Ideengang, den freilich Leute nehmen können, die ohne Gemeinsinn gern viel Geld sicher unterbringen wollen. Das Resultat ist aber ohne vieles Nachdenken, dass durch die Staatsschulden die Ärmern gezwungen sind, außer der alten Last auch noch den Reichen Interessen zu bezahlen, sie mögen wollen oder nicht. Bei einem Steuerkataster, auf allgemeine Gerechtigkeit gegründet, wäre es freilich anders. Aber jetzt haben die Reichen die Steuerscheine, und die Armen zahlen die Steuern. Man kann diese Logik nur bei einem Kasten voll Steuerobligationen bündig finden. Wo hätte der Staat die Verbindlichkeit, den Reichen auf Kosten der Armen ihre Kapitale zu verzinsen? Und das ist doch am Ende das Fazit jeder Staatsschuld. Jede Staatsschuld ist eine Krücke, und Krücken sind nur für Lahme.[75]

In Braunschweig wäre ich am Eingange bald in der Atmosphäre des Cichorienkaffees des Herrn Schmidt erstickt. Der Kaffee mit seinen Surrogaten und der Tabak sind doch sonderbare, unbegreifliche Thelkterien der Seele bei unsern Zeitgenossen. Man hat kaum Brot, aber Tabak muss man eher haben, und das schwarze bittere Branntwasser ist durchaus nicht zu entbehren. Hier in der Ge-

gend waren große, große Strecken mit Cichorien be-
pflanzt. Wenn nur Alles, was einzeln merkantilisch richtig
ist, auch für das Ganze staatsökonomisch wahr wäre! | ... |
Wo das Bier schlecht und teuer und das Brot teuer und
schlecht ist, wo ich die Dörfer verfallen und elend und
doch die Visitatoren nach dem Sacke lugen sehe, da gehe
ich so schnell als möglich meines Weges. Nicht das Predigen der Humanität, sondern das Tun hat Wert. Desto
schlimmer, wenn man viel spricht und wenig tut.[76]

Gestern habe ich ihn auch endlich gesehen, den Korsen,
der der großen Nation mit zehnfachem Wucher zurück-
gibt, was die große Nation seine kleine seit langer Zeit
hatte empfinden lassen. Es war der vierzehnte Juli und ein
großes Volksfest, wo der ganze Pomp der seligen Republik hinter ihm herzog. Früh hielt er große Parade auf dem
Hofe der Tuilerien, wo alles Militär in Paris und einige
Regimenter in der Nachbarschaft die Revüe passierten.
Ich hatte daher Gelegenheit, zugleich die schönsten Trup-
pen von Frankreich zu sehen. Die Konsulargarde ist unstreitig ein Korps von den schönsten Männern, die man
an Einem Ort beisammen denken kann: nur kann ich mir
in den französischen Soldaten, ich mag sie besehen wie
ich will, immer noch nicht die Sieger von Europa vor-
stellen. Wir sind mehr durch den Geist ihrer Sache und
ihren hohen Enthusiasmus, als durch ihre Kriegskunst geschlagen worden. Die taktische Methode des Tiraillierens,
die aber vielleicht nur der Überlegene an Anzahl brauchen kann, hat das ihrige auch getan. Von Bonaparte sollte
ich wohl lieber schweigen, da ich nicht sein Verehrer bin.
Einen solchen Mann sieht man auf zweihundert Meilen
vielleicht besser als auf zehn Schritte. Es scheint aber in
meinem Charakter zu liegen, Dir über ihn etwas zu sagen;

und das will ich denn mit Offenheit tun. Ich bin keines Menschen Feind, sondern nur der Freund der Wahrheit, Freiheit und Gerechtigkeit. Neid und Herabsetzungssucht sind meiner Seele fremd; ich nehme immer nur die Sache. Ich bin dem Mann von seiner ersten Erscheinung an mit Aufmerksamkeit gefolgt, und habe seinen Mut, seinen Scharfblick, seine militärische und politische Größe nie verkannt. Problematisch ist er mir in seinem Charakter immer gewesen, und ist es jetzt mehr als jemals, wenn man ihn nicht geradezu verdammen soll. Bis auf den Tag von Marengo, wo ihn Desaix Tod aus den republikanischen Grenzen heraushob, hat er als Republikaner im Allgemeinen handeln müssen: seitdem hat er nichts mehr im Sinne eines Republikaners getan.

Als er aus Ägypten kam, trat er die Krise seines Charakters an. Wir wollen sehen was er in Paris tut, dachte ich, und dann urteilen. Ich tadle ihn nicht, dass er das Direktorium stürzte: es war keine Regierung, die unter irgendeinem Titel die Billigung der Vernünftigen und Rechtschaffenen hätte erhalten können. Ich tadle ihn nicht, dass er so viel als möglich in der wichtigen Periode das Ruder des Staats für sich in die Hände zu bekommen suchte: es war in der Vehemenz der Faktionen vielleicht das einzige Mittel, diese Faktionen zu stillen. Aber nun fängt der Punkt an, wo sein eigenster Charakter hervorzutreten scheint. Seitdem hat er durchaus nichts mehr für die Republik getan, sondern alles für sich selbst; eben da er aufhören sollte irgend etwas mehr für sich selbst zu tun, sondern alles für die Republik. Jeder Schritt, den er tat, war mit herrlich berechneter Klugheit vorwärts für ihn, und für die Republik rückwärts. Land gewinnen heißt nicht die Republik befestigen. Die Erste Konstitution zeigte zuerst den Geist, den er atmen würde. Sie wurde mit dem Bajonett gemacht, wie fast alle Konstitutionen. Es tat mir an diesem Tage wehe für Frankreich und für Bonaparte. Das Schicksal hatte ihm die Macht in die Hände gelegt, der größte Mann der Weltgeschichte zu werden: er hatte aber dazu nicht Erhabenheit genug und setzte sich herab mit den übrigen Großen auf gleichen Fuß. Er ist größer als die Dionyse und Kromwelle; aber er ist es doch in ihrer Art, und erwirbt sich ihren Ruhm. Dass er nicht sah, dass seine Konstitution die neue Republik zertrümmern und dem vollen Despotismus die Wege wieder bahnen würde, das lässt sich von seinem tiefen Blick nicht denken; und über seine Absichten mag ich nicht Richter sein. |...|

Jetzt lebt er einsam und misstrauisch, mehr als je ein Morgenländer.[77]

Nur bescheidene Schmieralien – oder doch selbstbewusste Apokryphen?

Apokryphen nenne ich Dinge, aus denen man so eigentlich nicht recht weiß, was man zu machen hat. Es ist also Alles in uns und um uns sehr apokryphisch, und man dürfte vielleicht sagen: die ganze Welt ist eine große Apokryphe. Mir ist es sehr lieb, wenn sie Andern verständlicher ist als mir.[78]

Die Vernunft ist immer republikanisch, aber die Menschen scheinen, wenn man die Synopse ihrer Geschichte nimmt, doch durchaus zum Despotismus geboren zu sein.[79]

Gleichheit ist immer der Probestein der Gerechtigkeit, und beide machen das Wesen der Freiheit.[80]

Die Geschichte scheint mir fast zu bürgen, dass die Menschen keine Vernunft haben.[81]

Das erste Privilegium ist der erste Ansatz zum Krebs des Staatskörpers.[82]

Wer den ersten Gedanken der Gerechtigkeit hatte, war ein göttlicher Mensch; aber noch göttlicher wird Der sein, der ihn wirklich ausführt.[83]

Bonaparte konnte ein Fixstern werden und ist eine Sternschnuppe geworden.[84]

Faulheit ist Dummheit des Körpers, und Dummheit Faulheit des Geistes.[85]

Als Friedrich II. sagte: »Wenn ich eine Provinz recht empfindlich strafen will, lasse ich sie durch einen Philosophen regieren!« hatte er vielleicht eben Plato's »Republik« gelesen.[86]

Plato ist ein Schwärmer und Aristoteles ein Schiefblicker, Hobbes ein Sophist und Grotius ein christlich skribelnder Römling; nur Rousseau hat haltbare Grundsätze. Nach vielen Jahrhunderten wird sein »Bürgervertrag« doch noch Katechismus werden, und fast verdient er symbolisches Buch zu sein.[87]

Meine Seele ist ein Tummelplatz vieler Leidenschaften gewesen. Mit Hilfe des Stolzes hat immer die Vernunft gesiegt, vielleicht zuweilen auch nur mit Hilfe des Zufalls. Nur Hass und Verachtung sind nie in meine Seele gekommen; daher bin ich geneigt zu glauben, dass diese beiden Gefühle unphilosophisch seien.[88]

Wer die Krankheit hat, keine Ungerechtigkeiten ertragen zu können, darf nicht zum Fenster hinaussehen und muss die Stubentür zuschließen. Vielleicht tut er auch wohl, wenn er den Spiegel wegnimmt.[89]

Wer auf Charakter hält, lebe in sich! Wer mit den Zeichen, mit Ansehen, Macht und Ruhm zufrieden ist, gehe aus sich heraus und in Andere hinein, gleichviel auf welche Weise, nur klug![90]

Das Los des Menschen scheint zu sein, nicht Wahrheit, sondern Ringen nach Wahrheit; nicht Freiheit und Gerechtigkeit und Glückseligkeit, sondern Ringen darnach.[91]

Der Himmel hat uns die Erde verdorben.[92]

Glaubst Du denn, die Fürsten werden je die besten Mittel einschlagen, die Völker vernünftig aufzuklären? Dazu sind sie selbst zu klug oder zu wenig weise.[93]

Tragt Mathematik ins Staatsrecht, und alle Schäden werden geheilt.[94]

Man möchte die Hirngicht bekommen, wenn man ein öffentliches Blatt in die Hand nimmt und da von Leibeigenen, Frohnen, Dienstzwang und andern Gerechtigkeiten der Unvernunft liest. Ist das Christentum, so ist das christendumm.[95]

So wie alle unsere Gesetze sehr kränklicher Vernunft sind, sind es vorzüglich die Strafgesetze. Die Strafe soll psychologisch zur Besserung berechnet sein und den Beleidiger am empfindlichsten Teile treffen. Aber hier sind die Gesetze fast überall und durchaus zum Vorteil der schlechten Reichen. Eine tätliche Beleidigung kostet zum Beispiel 5 Tlr. für Jedermann. Darin liegt aber die ungerechteste Ungleichheit in dem Anschein der Gleichheit. Warum soll sie nicht einen bestimmten Teil, z. B. den funfzigsten Teil des Vermögens kosten? Der geringste Beleidiger könnte dann nach einer niedrigsten Norm taxiert werden. Ein Millionär zahlt für eine Ohrfeige 5 Tlr. und ein Handwerksbursche 5 Tlr. Da hat denn gleich das Gesetz dem

Geringeren eine Ohrfeige gegeben. Der Reiche hat dadurch in eben dem Maße die Freiheit, Ohrfeigen zu geben, als er steuerfrei ist. *Quae, qualis, quanta – insania!* Die anscheinende Gleichheit ist hier die drückendste Iniquität. Ich habe 200.000 Tlr.: mich muss also nach der Kriminalrechnung eine Beleidigung 50.000 Tlr. kosten, die einen armen Handwerker von 400 Tlr. 100 kostet. Das wäre Gerechtigkeit; das Andere ist Malversation. Der Arme leidet seine Strafe am Körper, der Reiche bezahlt sie; eine Inkonsequenz, die an Dummheit grenzt, als ob man die Verbrechen absichtlich vermehren wollte! Den Armen lasse man bezahlen, wenn er kann und will; den Reichen und Vornehmen strafe man am Körper! das ist psychologisch und gut und gerecht.[96]

Moses, Christus und Mahomed waren wirklich große Heilande der Völker, Jeder in seinem Kreise. Bonaparte hätte ein größerer werden können, aber er hat nicht gewollt. Er hatte zu viel Eitelkeit und Ehrgeiz und nicht Stolz genug. Doch wo die Sache nicht war, konnte das Gefühl nicht sein. Heilande der Welt müssen und werden noch kommen, die uns von der geistlichen und weltlichen Mystik befreien und uns unter die Ägide des gesunden Menschenverstandes retten. Ein Jeder wirke dazu, weil sein Tag ist![97]

Ich habe mir nie die Mühe genommen, das Glück zu suchen; dafür hat es sich oft, sehr oft die Mühe genommen, mich mutwillig zu necken, und dadurch bin ich endlich vollends gleichgültig dagegen geworden. Seit langer Zeit ist es mir ziemlich einerlei, ob ich Minister oder Bettelvogt bin, ob ich einen Demantstern am Sammetrocke oder einen Flecken an der Teerjacke trage.[98]

Ich habe wider Bonaparte weiter nichts, als dass er auf alle Weise in der Vernunft rückwärts statt vorwärts geht.[99]

Von einem Kaufmanne, wie die Sachen gewöhnlich stehen, kann man nie sagen, so viel hat er im Vermögen, sondern nur: so und so viel macht er Geschäfte.[100]

Wer den Tod fürchtet, hat das Leben verloren.[101]

Ich pflege zu sagen: »Das Leben ist mir nicht so viel wert, um mich deswegen übel zu befinden.«[102]

Man irrt sich oft jämmerlich, wenn man den Ministern in ihren öffentlichen Verhandlungen vernünftige Konsequenz unterlegt. Die Folge zeigt bald, dass es Schwachheit war, was wir für ordentlichen Plan zu halten geneigt waren. Die Schwachheit wird dann Feigheit, die Feigheit Schurkerei, die Schurkerei Elend, das Elend Verderben.[103]

Es ist gleich schwach und gefährlich, die öffentliche Stimme zu viel und zu wenig achten.[104]

Jede Periode des Lebens hat ihre Leidenschaften. Das Alter, das man für die weiseste halten sollte, hat gewöhnlich die schmutzigsten.[105]

Fürchte Dich, und Du bist verloren! Deswegen bist Du aber nicht gesichert, wenn Du nichts fürchtest: nur Dein Charakter ist es; doch ist Dir dieser genug, so bist Du es auch.[106]

Ob die Weiber so viel Vernunft haben als die Männer, mag ich nicht entscheiden; aber sie haben ganz gewiss nicht so viel Unvernunft.[107]

Von dem Tage der Schlacht bei Jena habe ich mir so ziemlich fest vorgenommen, nicht mehr Deutsch zu schreiben; das heißt, nichts mehr in dieser Sprache der Faulheit und Dummheit und Despotie und Sklaverei drucken zu lassen. Die Sachen müssten sich sonderbar ändern, wenn ich meinen Vorsatz ändern sollte.[108]

Der Staat sollte die Wohlhabenheit Aller zu befördern suchen, befördert aber nur den Reichtum der Einzelnen.[109]

Wer die Deutschen zur Nation machen könnte, machte sich zum Diktator von Europa.[110]

Das beständige Leben im Zimmer wird bald zur kränkelnden Vegetation. Wer Kraft und Mut und Licht mehren will, gehe hinaus in die Elemente.[111]

Ich kann mir nicht helfen, es ist meine tiefste Überzeugung: der allgemeine Charakter der Deutschen seit langer Zeit ist Dummheit und Niederträchtigkeit. Das ist die Schöpfung unserer Fürsten und Edelleute, der Ertrag des Privilegienwesens.[112]

»Was ist der Mann?« fragen Andere. »Wer ist sein Herr Vater?« fragt der Deutsche.[113]

Wer die Privilegia erfunden hat, soll zehntausend Jahre nach dem Aussterben der Hölle von dem letzten raffiniertesten Teufel privilegiert in den Stock gesetzt und mit sublimiertem Höllenstein vom Tode zum Leben und vom Leben zum Tode gebeizt werden.[114]

Wer bei gewissen Anblicken nicht die Vernunft verliert, muss wenig zu verlieren haben.[115]

Es ist oft nichts unphilosophischer als die Philosophen und nichts dümmer als die Gelehrten. Dass man sich dumm lernt und närrisch philosophiert, sind ziemlich gewöhnliche Erscheinungen.[116]

Die Furcht und die Faulheit bringen den Menschen um alles Vernünftige.[117]

Eben werfe ich meinen alten Puderapparat zum Fenster hinaus; denn ich will mich nun durchaus nicht mehr pudern und pudern lassen. Wann werde ich so glücklich sein, den Scherkasten nachwerfen zu können? Die Schererei bin ich auch bis an die Ohren überdrüssig. Vielleicht geht es bald. Wenn Andere geschorene Leute sein wollen, *habeant sibi!* Ich finde kein Vergnügen im Bartputzen und weder Ästhetik noch Verdienst in einem glatten gebohnten Gesicht.[118]

Rede an die Deutschen

Die Rede war fertig im Geiste, und Du siehst an den vier Bogen Papier dazu, dass die Philippika nicht klein ist. Nicht der Lohn des Griechen und Römers hält mich zurück, sondern der Gedanke der gänzlichen Vergeblichkeit. Also mag es genug sein mit dem Apostel: »Ich hätte Euch wohl viel zu sagen, aber Ihr könnt es jetzt nicht tragen.«[119]

Der Deutsche ist meistens Alles nur halb: nur Pedant und Privilegiat ist er ganz, auch Grobian zuweilen.[120]

Misstrauen kommt nie zu früh, aber oft zu spät.[121]

Dem gewöhnlichen Menschen ist das Vaterland, wo ihn sein Vater gezeugt, seine Mutter gesäugt und sein Pastor gefirmelt hat; dem Kaufmann, wo er die höchsten Prozente ergaunern kann, ohne von dem Staat gepflückt zu werden; dem Soldaten, wo der Imperator den besten Sold zahlt und die größte Insolenz erlaubt; dem Gelehrten, wo er für seine Schmeicheleien am Meisten Weihrauch oder Gold erntet; dem ehrlichen, vernünftigen Manne, wo am Meisten Freiheit, Gerechtigkeit und Humanität ist. Also findet der Letzte nur selten sein Vaterland.[122]

Das Wörtchen *Wir* der Fürsten ist eine stille philanthropische Anerkennung der eigentlichen ursprünglichen Rechtsverhältnisse: Ich und Ihr, das Volk und ich, oder ich und die im Namen des Volks bei mir sind. Das *Ich* würde hier weit egoistischer und tyrannischer sein.[123]

Die größten Gegner der wahren Kultur sind die Fürsten, die Edelleute und die Gelehrten, insofern sie zu den Privilegiaten gehören; nächst diesen die meisten Buchhändler als Handlanger der Gaunerei aller Art.[124]

Vor mehreren Jahren habe ich eine Diatribe über die Nase geschrieben, und es ist noch jetzt eine meiner gewöhnlichen unwillkürlichen Beschäftigungen, die Nasen zu belugen und zu ordnen. Den Familienstoff abgerechnet, bin ich immer noch der Meinung, dass jeder Mensch so ziemlich seine Nase selbst macht. Daher haben die Kinder fast durchaus unbestimmte Nasen. Zu der Nase, als der festen Prominenz, rechne ich zu psychologischem Behufe auch alle angrenzenden Muskelpartien, vorzüglich die Nasenwinkel und Augenwinkel und Mundwinkel, die sich sogar bis zum Kinn herabziehen. Auch die Maler nennen diese ganze Partie, wenn ich nicht irre, die Leidenschaftsmuskeln, und das mit Recht. Aber die Nase scheint vorzugsweise das Aushängeschild des herrschenden Charakters zu sein, woran Jeder ziemlich viel lesen kann, dem die Natur ein ordentliches Rhinoskop gegeben hat. Ich klassifiziere dann mit vieler Gewissheit alle meine Nasen. Da ist die stolze Nase, die ärgerliche Nase, die eingebildete Nase, die vornehme Nase, die impertinente Nase, die tyrannische Nase, die listige Nase, die sklavische Nase, die dumme Nase, die bigotte Nase, die fromme Nase und viele andere Nasen. Zur bessern Bestimmung muss man die oben angeführten Winkel mitnehmen. Ich sehe jedes Gesicht als eine Grenzfestung der Seele an, von welcher die Nase den Kavalier und das Hornwerk macht. Vor andern zeichnen sich noch aus die vorwitzige und die geile Nase. Unschuldige Nasen oder vielmehr Näschen findet man auch; aber ich erinnere mich nie, eine vernünftige Nase gesehen zu haben. Sehr selten sind die rein schönen, ganz charakterlosen Nasen, und wo man sie trifft, gehört viele artistische Beschauung dazu, sie auch reizend zu finden. Die Vernunft scheint mit und auf dem Gesichte wenig zu tun zu haben, wie überhaupt mit dem Menschen. Das Gesicht ist der Tummelplatz der Leidenschaften. Bei Vielen ist es sehr unterhaltend, zu untersuchen, wie kommt der Mensch zu der Nase? Die besten Nasen haben im Allgemeinen die Frauen, ausgenommen die vielen verdrießlichen und spöttischen Nasen, welche den Trägerinnen nicht weniger als den Beschauern zur Last fallen. Die vernünftigsten Nasen haben noch die Lazzaroni in Neapel. Der geizigen Nase tut man zu viel Ehre, wenn man sie eine Nase nennt; sie nähert sich an Gestalt und Bewegung dem Rüssel.[125]

Aufklärung ist richtige, volle, bestimmte Einsicht in unsere Natur, unsere Fähigkeiten und Verhältnisse, heller Begriff über unsere Rechte und Pflichten und ihren gegenseitigen Zusammenhang. Wer diese Aufklärung hemmen will, ist ganz sicher ein Gauner oder ein Dummkopf, oft auch Beides; nur zuweilen Eins mehr als das Andere.[126]

12.

GEDICHTE MIT EWIGKEITSWERT

Der Wilde

Ein Kanadier, der noch Europens
Übertünchte Höflichkeit nicht kannte
Und ein Herz, wie Gott es ihm gegeben,
Von Kultur noch frei, im Busen fühlte,
Brachte, was er mit des Bogens Sehne
Fern in Quebek's übereisten Wäldern
Auf der Jagd erbeutet, zum Verkaufe.
Als er ohne schlaue Rednerkünste,
So wie man ihm bot, die Felsenvögel
Um ein Kleines hingegeben hatte,
Eilt' er froh mit dem geringen Lohne
Heim zu seinen tief verdeckten Horden
In die Arme seiner braunen Gattin.

Aber ferne noch von seiner Hütte
Überfiel ihn unter freiem Himmel
Schnell der schrecklichste der Donnerstürme.
Aus dem langen, rabenschwarzen Haare
Troff der Guss herab auf seinen Gürtel,
Und das grobe Haartuch seines Kleides
Klebte rund an seinem hagern Leibe.
Schaurig zitternd unter kaltem Regen
Eilete der gute, wackre Wilde
In ein Haus, das er von fern erblickte.

»Herr, ach lass't mich, bis der Sturm sich leget,«
Bat er mit der herzlichsten Geberde
Den gesittet feinen Eigentümer,
»Obdach hier in Euerm Hause finden!« –
»Willst Du missgestaltes Ungeheuer,«
Schrie ergrimmt der Pflanzer ihm entgegen,
»Willst Du Diebsgesicht mir aus dem Hause!«
Und ergriff den schweren Stock im Winkel.

Traurig schritt der ehrliche Hurone
Fort von dieser unwirtbaren Schwelle,
Bis durch Sturm und Guss der späte Abend
Ihn in seine friedliche Behausung
Und zu seiner braunen Gattin brachte.
Nass und müde setzt' er bei dem Feuer
Sich zu seinen nackten Kleinen nieder
Und erzählte von den bunten Städtern
Und den Kriegern, die den Donner tragen,
Und dem Regensturm, der ihn ereilte,
Und der Grausamkeit des weißen Mannes.
Schmeichelnd hingen sie an seinen Knien,
Schlossen schmeichelnd sich um seinen Nacken,
Trockneten die langen, schwarzen Haare,
Und durchsuchten seine Waidmannstasche,
Bis sie die versprochnen Schätze fanden.

Kurze Zeit darauf hatt' unser Pflanzer
Auf der Jagd im Walde sich verirrt.
Über Stock und Stein, durch Tal und Bäche
Stieg er schwer auf manchen jähen Felsen,
Um sich umzusehen nach dem Pfade,
Der ihn tief in diese Wildnis brachte.

Doch sein Späh'n und Rufen war vergebens;
Nichts vernahm er als das hohle Echo
Längs den hohen, schwarzen Felsenwänden.
Ängstlich ging er bis zur zwölften Stunde,
Wo er an dem Fuß des nächsten Berges
Noch ein kleines, schwaches Licht erblickte.
Furcht und Freude schlug in seinem Herzen,
Und er fasste Mut und nahte leise.
»Wer ist draußen?« brach mit Schreckenstone
Eine Stimme tief her aus der Höhle,
Und ein Mann trat aus der kleinen Wohnung.
»Freund, im Walde hab' ich mich verirret,«
Sprach der Europäer furchtsam schmeichelnd;
»Gönnet mir, die Nacht hier zuzubringen,
Und zeigt nach der Stadt, ich werd' Euch danken,
Morgen früh mir die gewissen Wege.«

»Kommt herein,« versetzt der Unbekannte,
»Wärmt Euch; noch ist Feuer in der Hütte!«
Und er führt ihn auf das Binsenlager,
Schreitet finster trotzig in den Winkel,
Holt den Rest von seinem Abendmahle,
Hummer, Lachs und frischen Bärenschinken,
Um den späten Fremdling zu bewirten.
Mit dem Hunger eines Waidmanns speiste
Festlich wie bei einem Klosterschmauße,
Neben seinem Wirt der Europäer.
Fest und ernsthaft schaute der Hurone
Seinem Gaste spähend auf die Stirne,
Der mit tiefem Schnitt den Schinken trennte
Und mit Wollust trank vom Honigtranke,
Den in einer großen Muschelschale
Er ihm freundlich zu dem Mahle reichte.

Eine Bärenhaut auf weichem Moose
War des Pflanzers gute Lagerstätte,
Und er schlief bis in die hohe Sonne.

Wie der wilden Zone wild'ster Krieger,
Schrecklich stand mit Köcher, Pfeil und Bogen
Der Hurone jetzt vor seinem Gaste
Und erweckt' ihn, und der Europäer
Griff bestürzt nach seinem Jagdgewehre;
Und der Wilde gab ihm eine Schale,
Angefüllt mit süßem Morgentranke.
Als er lächelnd seinen Gast gelabet,
Bracht' er ihn durch manche lange Windung,
Über Stock und Stein, durch Tal und Bäche,
Durch das Dickicht auf die rechte Straße.
Höflich dankte fein der Europäer;
Finsterblickend blieb der Wilde stehen,
Sahe starr dem Pflanzer in die Augen,
Sprach mit voller, fester, ernster Stimme:
»Haben wir vielleicht uns schon gesehen?«
Wie vom Blitz getroffen stand der Jäger
Und erkannte nun in seinem Wirte
Jenen Mann, den er vor wenig Wochen
In dem Sturmwind aus dem Hause jagte,
Stammelte verwirrt Entschuldigungen.
Ruhig lächelnd sagte der Hurone:
»Seht, Ihr fremden, klugen, weißen Leute,
Seht, wir Wilden sind doch bess're Menschen!«
Und er schlug sich seitwärts in die Büsche.[127]

Die Gesänge

Wo man singet, lass' Dich ruhig nieder,
Ohne Furcht, was man im Lande glaubt;
Wo man singet, wird kein Mensch beraubt:
Bösewichter haben keine Lieder.

Wenn die Seele tief in Gram und Kummer,
Ohne Freunde, stumm, verlassen, liegt,
Weckt ein Ton, der sich elastisch wiegt,
Magisch sie aus ihrem Todesschlummer.

Wer sich nicht auf Melodienwogen
Von dem Trosse der Planeten hebt
Und hinüber zu den Geistern lebt,
Ist um seine Seligkeit betrogen. | … | [128]

Es geht mir mit meinen Versen wie Lessing's Maler mit
seinen Bildern. Ehe sie aus Herz und Kopf durch die
Fingerspitzen aufs Papier kommen, ist das Beste verloren
gegangen; und ich wundere mich oft, dass es nun so kalt
da liegt, da es von innen so glühend war.[129]

Textnachweise

[1] Prosaische und poetische Werke von J. G. Seume. 10 Teile in 4 Bänden. Berlin 1879 (künftig zitiert als Werke); Band I 1, S. 23 f.

[2] Werke I 1, S. 18–20.

[3] Werke I 1, S. 24–27.

[4] Werke I 1, S. 34 f.

[5] Werke I 4, S. 156 f.

[6] Werke I 1, S. 46–63.

[7] Werke I 1, S. 63–69.

[8] Werke I 1, S. 70–78.

[9] Johann Gottfried Seume: Spaziergang nach Syrakus im Jahre 1802. Hg. und kommentiert von Albert Meier. München 1985 = dtv 2149 (künftig zitiert als Spaziergang), S. VII.

[10] Spaziergang, S. 15 f. und S. 24–26.

[11] Spaziergang, S. 37 f.

[12] Spaziergang, S. 57 f.

[13] Spaziergang, S. 71 f.

[14] Spaziergang, S. 74 f.

[15] Spaziergang, S. 81.

[16] Spaziergang, S. 102 f., S. 110 und S. 116–118.

[17] Spaziergang, S. 135 f.

[18] Spaziergang, S. 145 f., S. 148–158.

[19] Spaziergang, S. 170–176.

[20] Spaziergang, S. 206.

[21] Spaziergang, S. 215 f.

[22] Spaziergang, S. 256–261.

[23] Spaziergang, S. 280.

[24] Spaziergang, S. 282–284.

[25] Spaziergang, S. 290 und S. 294 f.

[26] Seume I 4, S. 7–9.

[27] Seume I 4, S. 26–28.

[28] Werke I 4, S. 36–38 und S. 44.

[29] Werke I 4, S. 54–57.

[30] Werke I 4, S. 60 f.

[31] Werke I 4, S. 66–70.

[32] Werke I 4, S. 78 f. und S. 88.

[33] Werke I 4, S. 103.

[34] Werke I 4, S. 90–92 und S. 100–102.

[35] Werke I 4, S. 132 f. und S. 135.

[36] Werke I 4, S. 137 f. und S. 143.

[37] Werke I 4, S. 148–150 und S. 155.

[38] Werke I 1, S. 32 f.

[39] Spaziergang, S. IX–XI.

[40] Spaziergang, S. 195 f.

[41] Werke I 4, S. 157 f.

[42] Spaziergang, S. 203 f.

[43] Werke I 1, S. 36 f.

[44] Werke I 1, S. 65 f.

[45] Spaziergang, S. 14 f.

[46] Spaziergang, S. 83.

47 Spaziergang, S. 124–126.
48 Spaziergang, S. 133 f.
49 Spaziergang, S. 155.
50 Spaziergang, S. 161 f.
51 Spaziergang, S. 180 f.
52 Spaziergang, S. 46–48.
53 Spaziergang, S. 58 f.
54 Spaziergang, S. 188–190.
55 Werke III 7, S. 167.
56 Spaziergang, S. 245 f.
57 Werke III 7, S. 203.
58 Werke I 1, S. 42.
59 Werke III 7, S. 171.
60 Spaziergang, S. 60 und
   S. 233 f.
61 Spaziergang, S. 225.
62 Spaziergang, S. 242.
63 Spaziergang, S. 269 f. und
   S. 272.
64 Spaziergang, S. 271.
65 Spaziergang, S. 113 f.
66 Spaziergang, S. 255 f.
67 Spaziergang, S. 78.
68 Werke I 4, S. 80.
69 Spaziergang, S. VIII.
70 Spaziergang, S. 260.
71 Spaziergang, S. 219 und
   S. 236 f.
72 Werke III 7, S. 171.
73 Werke III 7, S. 172.
74 Werke III 7, S. 173.
75 Spaziergang, S. 23 f.
76 Werke I 4, S. 156 und Spaziergang, S. 293.
77 Spaziergang, S. 272–274 und
   S. 278.
78 Werke III 7, S. 125.
79 Werke III 7, S. 125.

80 Werke III 7, S. 126.
81 Werke III 7, S. 129.
82 Werke III 7, S. 131.
83 Werke III 7, S. 131.
84 Werke III 7, S. 131.
85 Werke III 7, S. 133.
86 Werke III 7, S. 135.
87 Werke III 7, S. 136.
88 Werke III 7, S. 137.
89 Werke III 7, S. 137.
90 Werke III 7, S. 139.
91 Werke III 7, S. 140.
92 Werke III 7, S. 140.
93 Werke III 7, S. 145.
94 Werke III 7, S. 147.
95 Werke III 7, S. 147.
96 Werke III 7, S. 149 f.
97 Werke III 7, S. 151 f.
98 Werke III 7, S. 152.
99 Werke III 7, S. 154.
100 Werke III 7, S. 158.
101 Werke III 7, S. 163.
102 Werke III 7, S. 163.
103 Werke III 7, S. 166.
104 Werke III 7, S. 166.
105 Werke III 7, S. 173.
106 Werke III 7, S. 174.
107 Werke III 7, S. 178.
108 Werke III 7, S. 180.
109 Werke III 7, S. 182.
110 Werke III 7, S. 184.
111 Werke III 7, S. 187.
112 Werke III 7, S. 188.
113 Werke III 7, S. 188.
114 Werke III 7, S. 191.
115 Werke III 7, S. 192.
116 Werke III 7, S. 201.
117 Werke III 7, S. 203.

[118] Werke III 7, S. 203.

[119] Werke III 7, S. 204 f.

[120] Werke III 7, S. 213.

[121] Werke III 7, S. 221.

[122] Werke III 7, S. 223.

[123] Werke III 7, S. 223.

[124] Werke III 7, S. 233.

[125] Werke III 7, S. 233 f.

[126] Werke III 7, S. 239.

[127] Werke II 5, S. 59–62.

[128] Werke II 5, S. 148.

[129] Werke III 7, S. 173.

Nachwort

Johann Gottfried Seume und
der Mann im Mond

Auf den letzten Seiten seines zweiten großen Reise-
berichts *Mein Sommer 1805* erinnert sich Johann Gottfried Seume an ein Romanprojekt, das ihm regelrecht in
den Schoß gefallen sei: In einer Vollmondnacht auf dem
Brocken sitzend, habe er ein Manuskript entdeckt, dessen Verfasser kein anderer als »der Mann im Mond« gewesen sein könne. All die Vernunft und Weisheit, die
den Erdenmenschen abhandengekommen und seither auf
dem Mond verwahrt worden ist, sei in dieser Handschrift
zusammengetragen gewesen. Weil ihm Romane letzten
Endes aber doch nur als »Milchspeise für Kinder« (S. 54)
gelten, will Seume diesen Einfall nicht weiter ausge-
arbeitet haben. Für sein Selbstverständnis als Schriftsteller bleibt diese Traumsequenz dennoch eine Schlüssel-
stelle: Im Spannungsfeld zwischen Poesie und Realität
ergreift er entschieden für die harten Fakten Partei. Damit wäre er freilich selbst ein solcher »Mann im Mond«,
der als ein über alles Irdische erhabener, daher objektiver
Beobachter Wissen und Wahrheit ansammelt und der
Welt – in seinem Werk – den verlorenen Verstand zu-
rückgibt. Dazu bedarf es dann in der Tat keines Romans
mehr!

Wie kaum ein anderer Schriftsteller hat Johann Gottfried Seume durchaus selbstbewusst die »eigene Personalität« (S. 46) zum Dreh- und Angelpunkt seines Schreibens erhoben: als Autor, den seine unbeirrbare Rechtschaffenheit zur literarischen und moralischen Instanz qualifiziert. Weil seiner Auffassung nach jede Dichtung autobiografisch ist, gerät ihm das eigene Leben zwangsläufig zum Text. Wer Seume liest, begegnet in dessen Gedichten und Reiseberichten, in der Autobiografie und in den Aphorismen einem außergewöhnlichen Charakter und lernt eine alles andere als geradlinige, tendenziell sogar sehr moderne Bildungsgeschichte kennen. Der am 29. Januar 1763 im sächsischen Poserna geborene Bauernsohn sollte − nach dem Willen seines Vaters − Kaufmann werden, wollte aber lieber Grobschmied, Soldat oder wenigstens Grundschullehrer sein. Ein Stipendium des Grafen Friedrich Wilhelm von Hohenthal zu Städteln bestimmte ihn dann zum Theologen. Seume entzog sich dieser vorgeschriebenen Lebensbahn jedoch schon nach neun Monaten. Der damals 18-Jährige floh aus Leipzig und war entschlossen, im französischen Metz die Artillerieschule zu besuchen. Er kam allerdings nur bis Vach bei Erfurt, wo ihn hessische Werber aufgriffen und an die englische Krone verkauften, die Soldaten im Kampf gegen die aufständischen Kolonien in Nordamerika brauchte. *Mein Leben* (Erstdruck 1813), die Fragment gebliebene Autobiografie, reicht bis zu diesem transatlantischen Abenteuer und der Rückkehr nach Bremen.

Im Herbst 1783 gelang Seume zwar die Desertion, er wurde jedoch postwendend von preußischen Werbern zum Militärdienst in Emden verpflichtet. Dank einer von Emdener Bürgern gestellten Kaution kam er im Januar 1787 − nach zwei Fluchtversuchen und der Verurteilung zu zwölfmaligem Spießrutenlaufen – frei. Nun konnte Seume mit Unterstützung seines früheren Gönners an der Universität Leipzig Jura, Philosophie, Philologie und Geschichte studieren. Er wurde Erzieher, promovierte und habilitierte sich in Alter Geschichte, um schließlich 1792 Sekretär und Adjutant des russischen Generals G. A. O. Graf von Igelström zu werden. Bis 1797 blieb Seume, mittlerweile als Leutnant, im russischen Militärdienst. Die Umstände seiner Entlassung rekapituliert unter anderem *Mein Sommer 1805*. Auf die Soldaten- und Militärerfahrungen einschließlich der Kriegsgefangenschaft in Polen folgte eine mehrjährige Tätigkeit als Korrektor im renommierten Leipziger Verlag von Georg Joachim Göschen, für den Seume insbesondere die Herausgabe der *Sämtlichen Werke* von Friedrich Gottlieb Klopstock verantwortete und dabei den damaligen Megastar der deutschen Dichtung durchaus mutig zu verbessern wagte.

Ende 1801, nach Veröffentlichung eines eigenen Gedichtbandes, brach Seume zu einer achtmonatigen Italienreise auf – mit dem Ziel, deren Beschreibung zu publizieren und sich damit als Schriftsteller zu etablieren. Eine Reise nach Sizilien wäre nach Johann Wolfgang Goethes berühmtem ›giro d'Italia‹ eigentlich nichts Besonderes mehr gewesen, doch Seume wusste mit seinem *Spaziergang nach Syrakus* (Erstdruck 1803) durchaus neue Akzente zu setzen: Er nahm Italien konsequenter als seine Vorgänger sozialkritisch wahr und sparte nicht mit ebenso eindringlichen wie gelegentlich wohl auch zugespitzten Erzählungen von den politisch-sittlichen Missständen im Süden. Vor allem aber legte er – mit einem einzigen Paar Stiefel – erhebliche Teile der Strecke von Grimma bei Leipzig bis nach Syrakus und retour über die Schweiz und das napoleonische Paris zu Fuß zurück. Mit diesem Alleinstellungsmerkmal radikalisierte Seume sein Konzept der Authentizität und etablierte zugleich eine neue Art der Fremdwahrnehmung: »Wer geht, sieht im Durchschnitt anthropologisch und kosmisch mehr, als wer fährt. |...| So wie man im Wagen sitzt, hat man sich sogleich einige Grade von der ursprünglichen Humanität entfernt.« (S. 97 f.) Das Gehen bürge für verständnisvolle Nähe zur bereisten Region. Der Mythos vom besseren Touristen, der den Kontakt zu Land und Leuten sucht, war geboren!

Nach dem Erfolg des *Spaziergangs nach Syrakus* verknüpfte Seume seine Hauslehrertätigkeit mit verschiedenen schriftstellerischen Arbeiten: Übersetzungen, Gedichten, kleineren Aufsätzen und dramatischen Texten. Im Nachklang zu einer Reise durch Polen, Russland, Finnland, Schweden und Dänemark entstand sein zweites großes Reisebuch *Mein Sommer 1805* (Erstdruck 1806). Gleichzeitig arbeitete Seume an der Aphorismen-Sammlung *Apokryphen* (Erstdruck 1811) – einem Potpourri kluger Gedanken, die den Weisheiten des »Mannes im Mond« nicht nachstehen dürften! Am 13. 6. 1810 starb der seit Juni 1808 schwerkranke Seume schließlich während eines Kuraufenthalts im böhmischen Teplitz im Alter von nur 47 Jahren.

Das wechselvolle Leben in steter Abhängigkeit und der Versuch, sich allen Nöten zum Trotz doch als unabhängige, freie Persönlichkeit zu behaupten, machen die Seume-Lektüre nach wie vor spannend. Und zwar umso mehr, als dieser Selbstentwurf, im Gegensatz zu manch anderem politischen Schriftsteller der Spätaufklärung, sehr aktuelle Züge trägt. Über alle Brüche und Zäsuren hinweg wird individuelle Integrität konstruiert und auffällig oft betont, dass man sich nicht verbiegen lässt. Darauf gründet der

Mythos vom Charakterkerl Seume, der über lange Zeit verfangen hat. Der Umkehrschluss vom Text gewordenen Leben auf den Autor bzw. dessen »Personalität« (S. 111) ist freilich riskant, weil die »Seumesche Selbstinszenierung« (Jörg Drews) trotz verschwimmender Trennlinien zwischen Dokumentation und Erfindung keineswegs zu übersehen ist. Oft genug gesellt sich dem um Fassung ringenden Stoiker die Krise an die Seite, und manchmal ist die erwünschte Gradlinigkeit selbst mit den Mitteln der poetischen Logik nicht mehr herzustellen. So muss der zum Republikaner gereifte Seume letztlich das »Schicksal« bemühen, das ausgerechnet ihn – als Verfechter der Freiheit – in Nordamerika wie in Polen auf die Seite der Unterdrücker »gestoßen« und in die Uniform der Besatzer gezwungen habe (S. 169). In den *Apokryphen*, die als Gedankensplitter ohnehin nicht auf Systematik verpflichtet sind, präsentiert sich neben dem klaren, aufrechten, rechtschaffenen, mit sich selbst im Reinen befindlichen Seume daher auch ein schwankender, zweifelnder, verzweifelter Mensch, dem manches, sei es die Karriere oder die Liebe, keineswegs so gelingen wollte, wie er sich dies erhofft hatte.

Diesen vielschichtigen Seume gilt es wahrzunehmen, der als Autodidakt und Einzelkämpfer mit den Mitteln der Poesie um eine bessere Welt und zugleich um sein eigenes Daseinsrecht gekämpft hat. Gerade damit steht Seume für das Dilemma der aufgeklärten intellektuellen Emporkömmlinge und eigentlich auch für ein grundlegendes soziales Problem, das selbst unsere heutigen europäischen Gesellschaften nach wie vor charakterisiert. Aufklärung und Selbstaufklärung durch Bildung sind möglich und gewollt, weil Bildung die elementare Voraussetzung für sozialen Aufstieg und gesellschaftlichen Fortschritt ist. Allerdings stößt diese Emanzipation oft an ihre Grenzen. Für den stabilen Erfolg fehlen die entscheidenden Voraussetzungen, die grundlegenden »soft skills« und die Netzwerke der Etablierten. Johann Gottfried Seume gehörte als Schriftsteller nicht mehr zur ländlich-bäuerlichen Unterschicht, aus der er gekommen war, aber in der städtisch-bürgerlichen Mittelschicht konnte er damals nicht arrivieren. Selbst nach der Französischen Revolution und in der Phase der politisch-sozialen Neuordnung Europas scheiterte Seume damit, jenseits des klassischen Pfarrerberufs eine tragfähige Berufs- und Lebensperspektive zu entwickeln. In der Schule waren dem klugen Bauernsohn aus »Rücksichten«, die er »schwer begriff und noch schwerer billigte« (S. 14), andere Mitschüler vorgezogen worden; im Militär gab es kein Weiterkommen, überall stieß er an die sprichwörtlich gewordene gläserne Decke – gesetzt und verteidigt von jenen, die traditionell das Sagen haben und die Regeln definieren. Diese Ausweglosigkeit versuchte der Autor Seume psychologisch als individuelle Unabhängigkeit und geistig-materielle Freiheit seines literarischen *alter ego,* als charakterliche Stärken also, umzudeuten. Schließlich boten seine besonderen biografischen Umstände und nicht zuletzt die Fähigkeit, sein außergewöhnliches Leben zu verschriftlichen, immer wieder auch die Chance, die eigene moralische Überlegenheit zu dokumentieren – sei es intellektuell als Horazleser während der elenden Überfahrt nach Halifax oder sportlich bei der Besteigung des Ätna. In der rettenden Selbsterfindung als außen stehender Beobachter, als Vernunft sammelnder und vermittelnder »Mann im Mond« und geradezu hellseherischer Zeitgenosse sind Seume nach wie vor tragfähige Beobachtungen und Erkenntnisse gelungen: über die Verbindlichkeit von Autoritäten (von weltlichen Regierungen bis zum lieben Gott), über die Macht des Kapitals und die Abgründe der Ökonomie, über die persönlichen Untiefen zwischen Pflicht und Neigung oder über die Zuverlässigkeit in einer Welt, in der doch nichts verlässlich ist, nicht zuletzt die entschiedene Forderung nach Teilhabe, nach Partizipation, nach Gerechtigkeit. Weil dieses Ziel keineswegs schon erreicht ist, wirkt manch eine Seumesche Bemerkung überraschend druckfrisch – ob sie nun auf Napoleon gemünzt ist, auf den Geist des Strafrechts oder auf wirtschaftliche Mechanismen und Prozesse. Dies gilt ausdrücklich auch für den an der klassisch-antiken Dichtung geschulten Stil, der den deutschen Sprachschatz nicht nur um die Wendung ›sich seitwärts in die Büsche schlagen‹ bereichert hat, sondern ebenso um die goldene Regel, dass man sich ruhig nieder lassen könne, wo gesungen wird, weil Bösewichter keine Lieder haben.

Als Geisteskind der Aufklärung mag Johann Gottfried Seume zwar in die Jahre gekommen sein, verstaubt ist er dabei keineswegs. Es lohnt sich, ihn wieder zu entdecken: als kauzigen Kerl und scharfzüngigen politischen Selbstdenker, aber auch als kundigen Kunstbetrachter, als (unglücklich) Liebenden und Freund, als zurückgenommenen Skeptiker, dem sich bisweilen der Knotenstock in der Hand regt, doch zugleich als Genießer und immer wieder als Schreib- und Lebenskünstler.

Heide Hollmer